www.ingramcontent.com/pod-product-compliance
Lightning Source LLC
LaVergne TN
LVHW010836051026
849532LV00007B/2719
* 9 7 8 9 3 6 9 0 8 5 0 2 6 *

حیدرآباد دکن:
ادب و فن

(علمی و تحقیقی مضامین)

مرتبہ:
مکرم نیاز

Hyderabad Deccan: adab o funn (Essays)
by: Mukarram Niyaz
Edition: January '2026
Publisher :
Taemeer Publications LLC (Michigan, USA / Hyderabad, India)

ISBN 978-93-6908-502-6

کتاب	:	**حیدرآباد دکن: ادب و فن**
مرتب	:	**مکرم نیاز**
بہ تعاون	:	سیاست ڈاٹ کام ویب سائٹ
صنف	:	تحقیق و تنقید
ناشر	:	تعمیر پبلی کیشنز (حیدرآباد، انڈیا)
سالِ اشاعت	:	۲۰۲۶ء
صفحات	:	۹۸
سرورق ڈیزائن	:	تعمیر ویب ڈیزائن

فہرست

پیش لفظ

حیدرآباد دکن برصغیر کی اُن معدودے چند تہذیبی بستیوں میں سے ہے جہاں تاریخ محض ماضی کا حوالہ نہیں بلکہ حال کی سانسوں میں گھلی ہوئی حقیقت ہے۔ یہ شہر قطب شاہی عہد کی فکری آزادروی، آصف جاہی دور کی تہذیبی شائستگی اور دکن کی گنگا جمنی روایت کا حسین امتزاج ہے۔ یہاں کی گلیاں صرف پتھروں سے نہیں بنیں بلکہ زبان، ذوق، فن اور احساس کی تہوں سے تشکیل پاتی ہیں۔ اردو زبان کو جس فصاحت، شگفتگی اور مقامی رنگ نے یہاں جلا بخشی، وہ کسی اور خطے میں کم نظر آتی ہے۔ دکنی اردو کی مٹھاس، محاوروں کی دلکشی اور بیان کی بے ساختگی حیدرآباد کی شناخت بن چکی ہے۔ یہی شہر ہے جہاں ادب محض مطالعہ نہیں بلکہ طرزِ زندگی ہے، اور فن صرف نمائش نہیں بلکہ تہذیبی شعور کا اظہار۔ فنِ تعمیر میں چارمینار کی ہیبت، موسیقی میں دکن کی کلاسیکی روایت، مصوری میں باریک احساس

اور روزمرہ زندگی میں شائستگی — یہ سب مل کر حیدرآباد کو ایک مکمل ثقافتی وحدت بناتے ہیں۔ اسی لیے حیدرآباد کو صرف ایک شہر کہنا اس کے ساتھ ناانصافی ہے؛ یہ ایک روایت، ایک مزاج اور ایک فکری تسلسل کا نام ہے۔

زیرِ نظر کتاب "حیدرآباد دکن : ادب و فن" اسی تہذیبی ورثے کو ادب اور شخصیت نگاری کے آئینے میں پیش کرتی ہے۔ اس مجموعے کے بارہ مضامین حیدرآباد کی ادبی فضا، فنونِ لطیفہ اور ان شخصیات کا احاطہ کرتے ہیں جنہوں نے اس شہر کے فکری وقار کو قائم رکھا۔ بعض مضامین میں حیدرآباد کی ادبی روایت کے ارتقا پر روشنی ڈالی گئی ہے، جہاں زبان، موضوع اور اسلوب کی انفرادیت واضح ہوتی ہے۔ کچھ مضامین معروف ادبی شخصیات کے فکری و تخلیقی کارناموں کا تجزیہ پیش کرتے ہیں، جن کے ذریعے یہ سمجھنے میں مدد ملتی ہے کہ دکن کا ادیب کس طرح روایت اور جدت کے درمیان توازن قائم رکھتا ہے۔

کتاب میں شامل چند تحریریں سوانحی رنگ رکھتی ہیں، جہاں شخصیات کے ذاتی مزاج، علمی وابستگی اور تہذیبی خدمات کو غیر رسمی مگر بامعنی انداز میں پیش کیا گیا ہے۔ بعض مضامین فنونِ لطیفہ — خصوصاً موسیقی، مصوری اور ثقافتی اداروں — کے کردار کو اجاگر کرتے ہیں، جو حیدرآباد کی تہذیبی روح کے محافظ رہے ہیں۔ ان تمام

مضامین میں ایک قدرِ مشترک نمایاں ہے: حیدرآباد دکن کو محض یادِ ماضی کے طور پر نہیں بلکہ زندہ، متحرک اور باوقار روایت کے طور پر دیکھنے کی خواہش۔

یہ مجموعہ دراصل ادب اور فن کے ان رشتوں کی بازیافت ہے جو وقت کی گرد میں کہیں دھندلا گئے تھے۔ مرتب کی یہ کوشش قابلِ قدر ہے کہ اس نے حیدرآباد کے ادبی و فنی سرمایے کو یکجا کر کے قاری کے سامنے ایک مربوط اور فکری نقشہ پیش کیا ہے۔

۱

نظام کا سکہ وٹپہ

محمد عبدالقیوم

حیدرآباد میں اب سے تقریباً (۱۶۰) سال قبل بعہد وزارت سر سالار جنگ اول باضابطہ دارالضرب کا قیام عمل میں آیا تھا۔ اس کے پیشتر سکہ امراء اور تاجروں سے چاندی لے کر اجرت پر کام انجام دیا جاتا تھا۔ باضابطہ قیام دارالضرب (Mint) کے چند ہی سال بعد سکوں کی مانگ اس قدر زیادہ ہوئی کہ ہاتھ کے اوزاروں سے کام چلانا مشکل ہو گیا چنانچہ ساٹھ سال بعد مشین نصب کی گئی اور نئے طرز کا سکہ بنا جس کا نام چرخی تھا۔ اس کے دونوں طرف کی عبارت نستعلیق خط میں تھی۔ تاہم یہ سکے عام طو پر پسند نہیں کئے گئے اور بعد میں ایک جدید نمونہ تیار کیا گیا جس کے ایک رخ پر حیدرآباد کی مشہور عمارت چارمینار اور دوسرے رخ پر 'نسخ خط' میں یہ تحریر تھی۔

"ضرب حیدرآباد فرخندہ بنیاد جلوس میمنت مانوس"

اس سکہ میں چارمینار کی کمان کے اندر حرف "م" لکھا تھا جس کا اشارہ اس وقت کے فرمانروا اعلیٰحضرت نواب میر محبوب علی خاں بہادر کی طرف تھا۔ یہی حرف ۱۹۱۱ء میں اعلیٰحضرت نواب میر عثمان علی خاں بہادر کی تخت نشینی پر "م" کے بجائے

"ع" کر دیا گیا۔ اس نئے سکہ کا نام حالی سکہ رکھا گیا اور اعلحضرت آصف جاہ سادس کے زمانہ کا سکہ محبوبیہ اور آصفجاہ سابع کے زمانہ کا عثمانیہ کہلانے لگا۔ اس جدید سکہ کے چاندی ہونے کے وقت یہ التزام رکھا گیا کہ ضرب کی تعداد اتنی رکھی جائے کہ بٹاون میں زیادہ کمی بیشی نہ ہونے پائے۔ سرکاری اغراض کے لئے نرخ بٹاون ۱۰۰ سکہ کلدار انگریزی کا مبادلہ (۱۱۶) روپیہ (۱۰) آنے (۸) پائی حالی سکہ مقرر کیا گیا۔

روپیہ کے نمونہ کی تبدیلی کے ساتھ ہی اشرفی کے نمونہ میں بھی تبدیلی کی گئی۔ پہلے اشرفی پوری اور نصف اور ۱/۴، ۱/۸، ۱/۱۶ میں بنائی جاتی تھی لیکن مشین کی ضرب شروع ہونے کے بعد سے ۱/۱۶ اشرفی کا سکہ موقوف کر دیا گیا۔ اشرفی کے دونوں کناروں پر بھی عمارت اور عبارت کا نمونہ وہی رکھا گیا جو روپیہ کا تھا جو سکے اس وقت رائج تھے ان کا وزن حسب ذیل ہے۔

طلائی

سکہ

زن

پوری اشرفی

۱۷۲ء۵۰ گرین

۱/۲ اشرفی

۸۶ء۲۵ گرین

۱/۴ اشرفی

۱۲۵ء۴۳ گرین

۱/۸ اشرفی

۵۶۲ء۲۱ گرین

نقرئی

بہ ترکیب فی ہزار حصہ

۸۰ء۸۱۶ حصہ خالص چاندی

روپیہ

۵۰ء۱۷۲ گرین

اٹھنی

۲۵ء۸۶ گرین

چوانی

۱۲۵ء۴۳ گرین

دوانی

۵۶۲ء۲۱ گرین

انگریزی روپیہ کا وزن ۱۸۰ گرین ہے اور اس میں فی ہزار حصہ ۶۰ء۹۱۶ حصہ خالص چاندی ہے۔ مسی۔ بہ ترکیب فی سو حصہ ۹۵ حصہ مسی ۴ حصہ تین و ا حصہ

جست

نیم آنہ

۱۸۰ گرین

چھ پائی (قیمت)

ایک پیسہ

۶۰ گرین

دو پائی

نصف پیسہ

۲۰ گرین

ایک پائی

نکل۔ بہ ترکیب فی سو حصہ ۲۵ حصہ نکل، ۷۵ حصہ مس

ایک انی

۱/۳ تولہ

/۱ یعنی ۱۲ پائی

مملکت سرکار آصفیہ میں عام طور پر عثمانیہ سکہ حالی رائج تھا لیکن بڑے شہروں میں انگریزی سکہ بھی چل جاتا۔ سرکار نظام کی ریلوے کے اسٹیشنوں پر ٹکٹ کی قیمت سکہ حالی میں لی جاتی تھی لیکن حیدرآباد (نامپلی) حیدرآباد (کاچی گوڑہ)، بیگم پیٹ، سکندرآباد، الوال اور بلارم کے اسٹیشنوں پر انگریزی اور حالی دونوں سکے ڈاک گھر میں لئے جاتے تھے۔

اس شعبہ دارالضرب سرکار عالی کے فرائض میں تقریباً ایک سو سال قبل یہ امر بھی داخل کیا گیا کہ سررشتہ برقی و دیگر فنی و غیر فنی سررشتہ جات کی ضرورتوں کی فوراً فوراً ورکشاپ پا بجائی کیا کرے۔ اس محکمہ کا کام یہ بھی تھا کہ سررشتہ برقی کے

آلات وقتاً فوقتاً اور حسب ضرورت تیار کر دے جن کی آئے دن ضرورت پیش آتی رہتی ہے۔ دارالضرب (منٹ) ورکشاپ کی یہ ذمہ داری تھی کہ محکمہ صنعت و حرفت کو ایسی مشینیں اور کلیں تیار کریں جس کی مدد سے وہ ملکی صنعتوں کو فروغ دینے میں نہایت شاندار پیمانے پر کامیابی حاصل کریں۔ اس کے علاوہ سر رشتہ تعمیرات اور آرائش کے ایسے ایسے مشینیں اور آلات تیار کر دے جن سے وہ سڑکوں راستوں اور شاہراہوں غرض کہ جہاں کہیں ضرورت ہو ان سے کام لے کر راستوں کو پبلک کی آمد و رفت کیلئے ہموار و سڈول کرے۔ یہ ورکشاپ محکمہ زراعت کیلئے ایسے ایسے مفید آلات تیار کر کے دے جس سے ناکارہ زمین کی درستی میں مدد ملے اور انہیں زراعت اور کاشت کے قابل بنائے۔ اس محکمہ کا فریضہ یہ بھی تھا کہ وہ خلقت ملک کو روپیہ ڈھال کر دے تاکہ وہ اس کی مدد سے زندگی گزار سکیں۔ اس سر رشتہ کو اپنی تمام و کمال خوبیوں کے لحاظ سے ایک ناپید کنار بحر فیوض کہا جاتا جس کے تمام کارکن اپنے اپنے فرائض کو نہایت ہی خوش اسلوبی سے انجام دیتے تھے اور یہ اپنی ارتقائی منازل کو اچ آر مسٹیڈ ناظم سر شتہ برقی کی نگرانی میں نہایت کامیابی کے ساتھ طئے کیا۔

نواب میر محبوب علی خاں بہادر آصفجاہ سادس کے عہد زریں میں نواب سر سالار جنگ اول نے رسل ورسائل ٹپہ کیلئے نواب شہسوار جنگ کو مہتمم مقرر فرمایا جنہوں نے بعض ذیلی قواعد مرتب کئے اور خطوط وغیرہ پر ٹکٹ چسپائی کا طریقہ بھی جاری فرمایا، اس کے بعد سر رشتہ ٹپہ ایک خاص تنظیم عمل میں آئی اور نظامت ٹپہ سے موسوم ایک محکمہ وسیع پیمانہ پر قیام پایا جو عابد روڈ کے قریب اسٹیشن ناملی جانے

والے راستے پر واقع تھا۔ نواب سردار نواز جنگ بہادر کی نظامت کے عہد میں سیونگ بینک قائم ہوئے جو رعایائے مملکت کو کفایت شعاری کی طرف اپنی مقناطیسی قوت کے زور پر کھینچ لئے جاتے۔ جب مولوی محمد احمد صاحب نظامت ٹپہ کا جائزہ لیا تو اس وقت ٹپہ خانہ جات ملک سرکار عالی کی کل تعداد (۷۸۰) تھی اور صنادیق خطوط اندازی (Post Office Boxes) ۷۵۹ جا بجا نصب تھے اور آپ کی انتھک کوششوں سے ٹپہ خانہ جات ملک سرکار عالی ۸۲۰ ہوئے۔ آپ نے اپنے حسن تدبر سے رسل ورسائل ٹپہ کے آئے دن مشکلات کو دور کر کے ممکنہ سہولتیں رعایا سلطنت کے لئے بہم پہنچائے۔

مملکت حیدر آباد میں اندرون ملک سرکار نظام کا انتظام ڈاک ہی رہا اور سرکار نظام ہی کے ٹکٹ چلتے تھے اور اس کا نظام قریب قریب اسی نہج پر تھا جیسا ہندوستان کے برطانوی قلمرو میں رائج تھا۔ ٹپہ خانوں (ڈاک خانوں) کا سلسلہ ساری ریاست میں پھیلا ہوا تھا اور قریب قریب ہر بڑے دیہات میں ایک اور بڑے قصبات میں ایک سے زائد ٹپہ خانے قائم تھے جو خطوط و پارسل ورجسٹری و بیمہ و منی آرڈر وغیرہ کا کام کرتے اور دیگر عملہ ہائے حکومت کی طرح یہ عملہ بھی پبلک کی سہولت و آرام کی کوششوں میں منہمک رہتا۔ اکثر بڑے مقامات پر سرکار نظام کے ڈاک خانوں کے پہلو بہ پہلو انگریزی ڈاک خانے بھی تھے جن میں ہندوستان کے مروج ضوابط ڈاک پر عملدر آمد ہوتا۔ مملکت سرکار عالی کے اندر کسی ایک جگہ سے دوسری جگہ خط بھیجنا ہو تو وہ سرکار نظام کے ٹپہ کے ٹکٹ پر بھیجتے لیکن جس خط یا پارسل وغیرہ پر انگریزی ٹکٹ ہوتا وہ انگریزی ہی ڈاک خانہ میں چھوڑا جاتا۔ اگر انگریزی ٹکٹ کا خط سرکار

نظام کے ٹپہ خانہ میں ڈالا جاتا تو وہ بیرنگ ہو جاتا۔

سرکار عالی کے ٹپہ خانہ جات جو عرف عام میں مغلئی ٹپہ کہلاتے تھے اور اپنے زرد رنگ کی وجہ سے انگریزی ڈاک خانوں سے ممتاز کئے جاسکتے تھے، قریب قریب ہر دیہات میں موجود تھے۔ ان کی مفصل فہرست پوسٹل گائیڈ سرکار عالی میں دستیاب تھی جو تقریباً سو صفحات پر حاوی تھی۔ صنادیق خطوط اندازی (لیٹر بکس) سرکار عالی کے زرد رنگ کے تھے اور سرکار انگریزی کے سرخ رنگ کے۔

ٹپہ خانہ جات سرکار نظام میں حسب ذیل قیمت کے پوسٹ کارڈ، لفافہ جات اور ٹکٹ رائج تھے اور ہر ٹپہ خانہ سرکار مذکور میں دستیاب تھے۔

پوسٹ کارڈ ۴ پائی

جوابی پوسٹ کارڈ ۸ پائی

ٹکٹ دار لفافہ ۸ پائی

(۱ ٹکٹ۔ ۴ پائی۔ طغرئی رنگ سیاہ

(۲ ٹکٹ۔ ۸ پائی۔ طغرئی رنگ سبز

(۳ ٹکٹ۔ /۱ نقشہ چارمینار رنگ سرمئی

(۴ ٹکٹ۔ /۱ نقشہ مجلس عدالت العالیہ رنگ ادرہ

(۵ ٹکٹ۔ /۴ نقشہ عثمان ساگر رنگ نیلا

(۶ ٹکٹ۔ /۸ نقشہ کیلاش غار ایلورہ ورنگ نارنجی

(۷ ٹکٹ۔ /۱۲ نقشہ مدرسہ محمود گاواں بیدر رنگ ارغوانی

(۸ ٹکٹ۔ ایک روپیہ۔ نقشہ چارمینار قلعہ دولت آباد رنگ زرد

فہرست ٹپہ خانہ جات انگریزی اور علاقہ سرکار عالی۔

بلدہ حیدرآباد مضافات۔ حیدرآباد صدر ٹپہ (امپیریل پوسٹ آفس)۔ حیدرآباد سٹی۔ عدالت عالیہ آغا پلی۔ الوال۔ عنبرپیٹ۔ بیگم بازار۔ بلارم۔ بوری عثمان آباد۔ بوئن پلی، چنچل گوڑ، چندرائن گٹہ، چتنا پلی، درگاہ حسین شاہ ولیؒ، دارالشفاء، گولکنڈہ، کوہ مولا علی، پالماکول، رزیڈنسی بازار (سلطان بازار) صحیفہ سکندرآباد، شاہ علی بنڈہ، سرونگر، ترکاپلی، یاقوت پورہ، کتہ پلی، نیم بالا۔

ہوائی جہاز کے ذریعہ جو خطوط ممالک غیر کو بھیج جاتے ان پر انگریزی ڈاک خانہ کے قواعد ٹپہ خانہ کا نفاذ ہوتا جس کی تفصیل پوسٹ اینڈ ٹیلیگراف سرکار عظمت مدار میں ملتی تھی۔

ہندوستان سے انگلستان اور بعض دیگر ممالک کو ہوائی جہاز کے ذریعہ ڈاک لے جانے کا انتظام تھا۔ اس کیلئے ہر ہفتہ کراچی سے ڈاک کا ہوائی جہاز روانہ ہوتا تھا اور آتا تھا۔ خود ہندوستان کے اندر دہلی، جودھپور، کراچی اور گوا کے مابین ہوائی جہاز کے ذریعہ ڈاک پہونچانے کا انتظام تھا لیکن اس سے اہل حیدرآباد کو کوئی فائدہ نہیں تھا۔ اس لئے کہ حیدرآباد سے ممالک غیر کو ہوائی جہاز سے جانے والی ڈاک کے لئے کراچی ہی کے راستہ میں سہولت تھی۔ جو خطوط وغیرہ اس مقصد کیلئے روانہ کئے جاتے وہ کراچی ایسے وقت پہونچ جاتے کہ چہارشنبہ کی صبح کو جو ڈاک کے تھیلے بند کئے جاتے ان میں شامل ہو سکیں۔ صحیح وقت ڈاک میں خط وغیرہ ڈالنے کا قریبی انگریزی ڈاک خانہ سے دریافت کرنے کی سہولت تھی۔

جو خطوط وغیرہ اس ذریعہ سے روانہ کئے جاتے ان کے اوپر ہوائی جہاز کا نیلا

ٹکٹ ہونا ضروری تھا جو بلا قیمت ہر انگریزی ڈاک خانہ میں دستیاب تھا اور اس کے علاوہ ہوائی جہاز کے محصول کا پورا ٹکٹ ہونا ضروری تھا جو معمولی ڈاک کے اور اگر رجسٹرڈ چیز ہے تو رجسٹری کے محصول کے علاوہ ہوتا۔

ہوائی جہاز کی ڈاک مختلف مقامات تک پہونچنے کی مدت حسب ذیل تھی۔

کراچی سے لنکا یا بو شہر تک	ایک دن
کراچی سے عراق تک	۲ دن
کراچی سے فلسطین تک	ڈھائی دن
کراچی سے مصر تک	تین دن
کراچی سے یونان تک	ساڑھے تین دن
کراچی سے اٹلی تک	چار دن
کراچی سے فرانس وانگلستان تک	۶ دن

* * *

۲

آرٹس کالج جامعہ عثمانیہ کی تعمیر

محمد عبدالقیوم

جامعہ عثمانیہ کسی مخصوص عمارت کا نام نہیں ہے بلکہ یونیورسٹی کیمپس میں مختلف کالجوں کی علحدہ علحدہ عمارتیں ہیں۔ ان سب میں بلحاظ وسعت وفنی خصوصیات آرٹس کالج کی عمارت کو اولین فوقیت حاصل ہے۔ علاوہ ازیں وائس چانسلر اور رجسٹرار کے اجلاس وغیرہ یہیں پر ہیں، اسی لئے عام طور پر لوگ آرٹس کالج ہی کو جامعہ عثمانیہ خیال کرتے ہیں اور اس کی عمارت کو جامعہ عثمانیہ کی عمارت۔

عہد عثمانی میں جن انجنیئروں نے جامعہ کیلئے یہ جگہ تجویز کی تھی ان کی داد دینی چاہئے۔ جامعہ کے لئے اس سے بہتر جگہ نہیں ہوسکتی تھی، اپنے طول وعرض کی دلکشیوں کے سایھ یہ دوسری دنیا معلوم ہوتی۔ اس کے نشیب وفراز اور ٹھنڈی ہواؤں میں جو کیف ہے وہ دوسری جگہ نہیں ہے۔ رنگ وروپ کے علاوہ اڈکمیٹ میں پچھلی صدیوں کی کچھ تاریخ بھی ہے۔ آخری قطب شاہی حکمراں ابوالحسن تانا شاہ کے ابتدائی دور میں سلطنت کے میر جملہ سید مظفر بازرندانی کی جاگیر تھی اور اسی نے ۱۶۷۲ء تاناشاہ کو تخت نشین کیا تھا لیکن بعد میں بادشاہ سے اس کی ان بن ہوگئی

تو اڈکمیٹ کی یہ جاگیر اس سے چھین لی گئی اور اس کے بعد جب نواب میر نظام علی خاں بہادر آصفجاہ ثانی کا دور آیا اور مہ لقابائی چندا کے حسن و جمال کا شہرہ ہوا تو شاہی فرمان سے اڈکمیٹ مہ لقابائی کی جاگیر بنا دیا گیا۔ آصفجاہ ثانی کی اس پر خاص عنایت تھی۔ ۱۷۸۲ء میں معرکہ نرمل اور پانگل میں نواب میر نظام علی خاں بہادر نے چندا کو اپنے ہمراہ رکھا تھا۔ آخر الذکر مہم سے فتح یاب ہو کر واپس آنے کے بعد نواب صاحب نے جشن آراستہ کر کے چندا بائی کو ماہ لقا کے خطاب اور نوبت وغیرہ سے سرفراز فرمایا اور اس کے ہر مجرے کا انعام ایک ہزار روپیہ مقرر کیا گیا۔ ۱۸۲۴ء میں مہ لقا کے انتقال کے وقت اس کی جائیداد میں باغات، عمارتیں اور ایک کروڑ کی مالیت کا نقد و جنس تھی چندا کی جاگیریں سید پلی، چندا پیٹ، علی باغ، حیدر گوڑہ اور اڈکمیٹ تھے۔ مہ لقا شاعرہ تھی اور چندا تخلص کرتی تھی اپنا مقبرہ ایک لاکھ روپئے کے صرفہ سے کوہ مولا علی کے دامن میں تعمیر کرایا تھا۔

نواب میر عثمان علی خاں بہادر آصف جاہ سابع کے دور حکومت کی کئی خصوصیات ہیں، ان میں سب سے پہلا کام اس منبع علوم و فنون کا آتا ہے جو عثمانیہ یونیورسٹی کے نام سے مشہور ہے اور جس نے نظام حیدرآباد کی شہرت کو تاریخ ہند میں نمایاں ترین جگہ دے دی ہے۔ ہندوستان کے قومی لیڈر عرصہ دراز سے یہ مطالبہ کر رہے تھے کہ ہندوستانی بچوں کو علوم و فنون کی تعلیم ان کی مادری زبان میں دی جائے تاہم برطانوی ہند میں اس شدید اور متواتر مطالبہ کے باوجود یہ تغیر عمل میں نہیں آیا لیکن آصف سابع نے اس مطالبے کو اپنے دور حکومت میں پورا کر دیا اور عثمانیہ یونیورسٹی کا افتتاح کیا جس میں اعلیٰ ترین مدارج تک ذریعہ تعلیم دیسی

زبان اردو میں رکھی گئی اور ایک مخصوص شعبہ دارالترجمہ کے نام سے مختلف علوم و فنون کے ماہرین کا دیگر زبانوں سے اردو زبان میں کتابوں کا ترجمہ کرنے کے لئے قائم کیا گیا جس سے ہر سال بکثرت کتابیں شائع ہو کر اردو زبان کے لٹریچر کو سیراب کیں۔ اس یونیورسٹی کا معیار اتنا بلند رہا کہ بیرون ہند بھی یوروپ و انگلستان میں اس کی ڈگریاں تسلیم کی جاتیں۔ یہ یونیورسٹی ۱۹۱۶ء میں قائم ہوئی اور قلیل مدت میں اس نے اپنی شہرت اکناف عالم میں پہنچادی۔ حضور نظام کا فرمان ۱۹۱۷ء میں جامعہ کی تشکیل کی بابت نافذ ہوا۔ "میری تخت نشینی کی یادگار میں ایک جامعہ قائم کی جائے جس کا نام جامعہ عثمانیہ حیدرآباد ہوگا اور اس کی تعلیم مغربی اور مشرقی علوم کے امتزاج کے ساتھ اردو میں ہوگی"۔

آغا منزل جہاں اب اسٹیٹ بنک آف حیدراباد گن فاونڈری قائم ہے۔ نواب صدر یار جنگ، حبیب الرحمن خاں شروانی کی صدارت میں افتتاحی جلسہ منعقد ہوا۔ اس میں شہر کے تمام عمائدین شریک تھے۔ حیدر نواز جنگ نے فرمان سنایا۔ سبھوں نے کھڑے ہو کر فرمان سنا اور اس کے بعد صدر جلسہ صدر یار جنگ نے تقریر کی اور این جی و لنکر صاحب نے جو انگریزی کے لئے استاد تھے، انگریزی میں جلسہ کو مخاطب کیا اور اگلے دن سے انٹر میڈیٹ سال اول کے درس شروع ہو گئے۔ اس مبارک دن کو آصف جاہ سادس، نواب رفعت یار جنگ اول، نواب سالار جنگ، علامہ شبلی، عماد الملک، ملا عبدالقیوم، مولوی محمد مرتضیٰ اور آرتھر ہیو کے خواب کی تعبیر کہنا چاہئے۔ جامعہ عثمانیہ کے قیام سے ملک میں مسرت کی ایسی لہر دوڑ گئی کہ مثال نہیں ملتی۔ اہل ملک نے دل کھول کر اس کا ساتھ دیا۔ جامعہ کیا تھی حیدرآباد

کے دیرینہ تمناؤں کا آئینہ اور اہل حیدرآباد کی ذہنی اخلاقی اور سماجی تربیت کا سامان تھا۔

منشور خسروی میں تفصیل کے ساتھ جامعہ عثمانیہ کے اختیارات بیان کئے گئے ہیں پھر اسکی ہیئت ترکیبی کا ذکر ہے اور اس میں اعلیٰ حضرت نے اپنی خاص دلچسپی کا ثبوت دیا ہے کہ "مابدولت و اقبال جامعہ عثمانیہ کے سرپرست اعلیٰ رہیں گے اور جامعہ عثمانیہ اپنے کاروبار میں ایسی مہر کا استعمال کرے جس کا نمونہ مابدولت و اقبال منظور فرمائیں گے"۔

عثمانیہ یونیورسٹی کے دارالترجمہ کا قیام ۱۸ ذی قعدہ ۱۳۳۵ء م ۱۹۱۶ء کو عمل میں آیا اور ساتھ ہی ساتھ جامعہ عثمانیہ کی عمارات کے لئے جگہ کا انتخاب کا کام بھی شروع ہو گیا۔ اس سلسلہ میں پروفیسر گڈس جو فلسطین میں جامعہ کے آرکیٹکٹ تھے۔ انہوں نے یونیورسٹی کے موجودہ موقع کے قریب کی جگہ پسند کی۔ بعد میں بنظر خوشنودی اعلیٰ حضرت صرف خاص کے متعدد اراضیات کا معائنہ کیا گیا جن میں سے قابل ذکر قلعہ گولکنڈہ اور اس کی شاہی عمارات، ملک پیٹھ معہ عثمان گڑھ پیلس اور آخر میں کنگ کوٹھی نظام کالج اور ان سے ملحقہ اراضیات چونکہ یہ تمام محل وقوع پسند نہیں کئے گئے اس لئے یہ معاملہ کچھ عرصہ تک معرض التواء میں پڑا رہا۔ جنوری ۱۹۳۰ء میں اسپیشل بلڈنگ کمیٹی کے فیصلہ کے مطابق عالمی دورہ کر کے تمام عصری جامعات کے نقشے حاصل کرنے کا فیصلہ کیا گیا۔ اس فیصلہ کے محترکات یہ تھے کہ جامعہ عثمانیہ پلان اور عمارت کے لحاظ سے دنیا کی ایک بہترین جامعہ ہو اور اس مواد کے ساتھ ایک ایسا خاکہ پیش کیا جائے جو عصری ہونے کے ساتھ ساتھ

مشرقی فن تعمیر کا بھی اس میں امتزاج ہو۔ اس عالمی سفر پر سید علی رضا نگران کار چیف انجنیئر اور نواب زین یار جنگ ۲۴ ستمبر ۱۹۳۰ء کو روانہ ہوئے اور مدراس کولمبو کا مشرقی راستہ اختیار کیا۔ دو مہینہ جاپان میں قیام کے بعد ممالک متحدہ امریکہ کی بندرگاہ سان فرانسسکو میں اترے۔ جاپان میں گوکن، اساکا وغیرہ کی جامعات کا معائنہ کیا گیا۔ امریکہ میں تین ماہ قیام رہا اور اس عرصہ میں ہارورڈ اور پرنسٹن کی جامعات کے علاوہ امریکہ کی دوسری عصری جامعات کیلی فورنیا، اسٹانفورڈ، وسکنن، شکاگو، نیویارک اور کولمبو کی جامعات کا بھی مطالعہ کیا گیا۔ امریکہ سے واپسی پر انگلستان کے قدیم جامعات آکسفورڈ، کیمبرج، مانچسٹر کے علاوہ کنگسٹن میں ایڈنبرا، برمنگھم اور لیڈز کی زیر تعمیر جامعات کا بھی بغور معائنہ کیا اور بعد میں پیرس کی سارابون، بلجیم کی لیڈن اور جرمنی کے ہائیڈلبرگ، میونخ اور برلن، آسٹریا کی ویانا ہنگری کی ذائگاڈ جامعات کا خاص مطالعہ کیا گیا۔ یوروپ کا دورہ ختم کرنے کے بعد وفد نے مشرق وسطی میں مصر، ترکی کا سفر اختیا کیا۔ مصر کے دوران قیام میں جامعہ مصر میں بلجیم کے آرکیٹکٹ مسٹر ای جاسپر سے ملاقات ہوئی جو اس یونیورسٹی کے معمار تھے۔ یونیورسٹی کی بلڈنگس کے علاوہ وہاں کے ہوٹل، کاسینو، ریس کورس اور رہائشی مکانات کی تعمیر میں ان کے مشورے شریک تھے۔ ان کی عمارت میں مشرقی فن تعمیر کا زیادہ سے زیادہ لحاظ رکھا گیا۔

واپسی پر ماہرین نے مسٹر جاسپر کی بحیثیت آرکیٹکٹ سفارش کی کہ مشرقی فن تعمیر میں مشورہ دینے کے لئے موزوں ثابت ہوں گے اور ان کی فیس روزانہ دس پونڈ ہوگی۔ جب تک وہ حیدرآباد میں رہیں، آنے جانے کے اخراجات دینے ہوں

گے اور حیدرآباد کے قیام کے زمانے میں جس کی مدت ہر سال کم از کم تین ماہ ہو گی کھانے اور رہنے کا انتظام حکومت کی جانب سے ہو گا۔ حکومت نے ان تمام شرائط پر غور کیا۔ ۲۴ ستمبر ۱۹۳۱ء کو ماہرین کی واپسی ہوئی۔ سب سے پہلا کام جگہ کا انتخاب تھا۔ چار سال قبل پروفیسر گڈسن نے جس مقام کی نشاندہی کی تھی اسی مقام کے انتخاب کیلئے ماہرین نے بھی زور دیا اور سرکار سے اس کی منظوری حاصل کرلی۔

اس کے بعد یونیورسٹی کی مختلف عمارتوں کے نقشے تیار کئے گئے اور مسٹر جاسپر کے پاس روانہ کئے گئے۔ ۱۹۳۲ء میں مسٹر جاسپر خود حیدرآباد تشریف لائے۔ صاحب موصوف کو حیدرآباد میں واقع قطب شاہی دور کے تمام عمارات بتلائے جس میں سلاطین قطب شاہیہ کے مقابر گولکنڈہ بھی شامل تھے۔ اس کے علاوہ بیدر میں واقع برید شاہی عمارات، قدیم منادر، غار ہائے اجنتہ و ایلورہ اورنگ آباد بھی دکھلائے۔ شمالی ہندوستان کے اہم شہروں آگرہ، دہلی اور فتح پور سیکری کی عمارات کا بھی معائنہ کرایا گیا تاکہ حیدرآباد میں تعمیر ہونے والی جامعہ عثمانیہ کے نقشہ جات کی تیاری میں آپ کو مدد مل سکے جس میں ہندو اور مغل آرٹ کے ملاپ کا ایک نادر نمونہ پیش کیا جا سکے اور مجوزہ عمارات صرف عرب فن تعمیر کا نمونہ بن کر نہ رہ جائے۔ جیسا کہ ترکی، یروشلم اور شام میں ہے۔

اسی بنیاد پر انہوں نے آرٹس کالج، لا کالج، سنیٹ ہال اور لائبریری کے خاکے تیار کرنے شروع کر دیئے۔ جو تقریباً ایک سال میں تیار ہوئے۔ ۱۹۳۲ء میں ان کا پورا حساب بے باق کر دیا گیا اور یہیں کے ماہرین تعمیرات نے ہوسٹل، ڈائننگ ہال، سائنس کالج وغیرہ کے نقشے تیار کر کے بالکلیہ کام اپنے ہاتھ میں لے لیا۔

اس محل وقوع پر جہاں کی زمین ناہموار ہو، عمارتیں بنانے میں بڑی دشواری محسوس ہوتی ہے۔ یہ دشواری اور بھی بڑھ جاتی ہے جبکہ ایک مقام سے دوسرے مقام میں سو یا سو فیٹ سے زیادہ نشیب و فراز ہو۔ اس میں دقت یہ ہوتی ہے کہ ایک خاص پلان کو روبہ عمل نہیں لایا جاسکتا۔ میدانی علاقوں میں یہ کام خوش اسلوبی سے انجام پاسکتا ہے جیسا کہ بنارس اور علیگڑھ کی جامعات ہیں۔ ان عمارات کی تعمیر میں مختلف ادوار کی تعمیری کارناموں کا ایک لطیف امتزاج ہے۔ آرٹس کالج کے ستون، ایلورہ اور اجنتہ اورنگ آباد سے ماخذ ہیں۔ دہلی آگرہ کے مغل تعمیرات حیدرآباد میں قطب شاہی طرز تعمیر میں بنے چارمینار و مکہ مسجد کے کمانوں کی نقل کی گئی ہے اور بعض جگہ عرب فن تعمیر کے کمانوں اور پتلے پتلے ستونوں سے استفادہ کیا گیا ہے۔ نئی دہلی کی عصری تعمیر کو عمداً نظر انداز کر دیا گیا کیونکہ ماہرین تعمیرات کی نظر میں نہ تو مشرقی نقطہ نظر سے جاذب نظر ہیں اور نہ مغربی خیال کے مطابق قابل تعریف۔ تمام عمارتوں کی تیاری کا تخمینہ ایک کروڑ روپیہ تھا۔ سڑک، لائیٹ، ڈرینج اور آبرسانی کے اخراجات اس کے علاوہ تھے مزید برآں ۲۳ فیصد اخراجات اسٹاف کے قرار پائے۔

یہ کون کہہ سکتا تھا کہ بیسویں صدی میں آکر ماہ لقا بائی چندا کی جاگیر اڈیکمٹ میں جامعہ عثمانیہ کا بڑا شہر بس جائے گا۔ جس طرح محل وقوع کی تعریف ہوئی ہے اسی طرح عمارتوں کی بھی تعریف ہونے لگی۔ جامعہ کی بلند و بالا عمارتیں جو قدیم اور وسطی تہذیبوں کا آمیزہ ہیں، فن تعمیر کے بہترین نمونے ہیں۔ آرٹس کالج پر کوئی چالیس لاکھ روپے خرچ ہوئے، اس عمارت میں اجنتہ کی فنکاریاں اور مسلم طرز تعمیر

کی گل کاریاں دونوں موجود ہیں اور یہ حیدرآباد کی لطیف تہذیب کی زندہ یادگار ہیں۔

جس روز نواب میر عثمان علی خاں بہادر آصف جاہ سابع نے آرٹس کالج کا افتتاح کیا، ہزارہا زائرین اس کو دیکھنے کیلئے آئے تھے اور اب بھی باہر کے سیاح جوق در جوق چلے آتے ہیں اور شہر حیدرآباد میں قطب شاہی دور کی عمارتوں کا دیدار کرنے کے بعد ان عمارتوں سے لطف اندوز ہوتے رہتے ہیں۔

***

۳

مہابھارت کی اشاعت کیلئے آصف سابع کی مالی اعانت

ڈاکٹر سید داؤد اشرف

آصف جاہی خاندان کے آخری حکمراں میر عثمان علی خاں آصف سابع کے دور کی علمی و ادبی سرپرستی اور مذہبی رواداری مشہور ہے۔ علوم و فنون کی قدردانی میں اس دور کی حکومت اور حکمراں نے بڑی فیاضی کا مظاہرہ کیا۔ اس کے بارے میں یہ غلط فہمی دل و دماغ سے نکال دی جانی چاہئے کہ ان خصوصیات کا تذکرہ روایتی تعریف و تحسین کے انداز میں کیا جاتا ہے یا ان باتوں کے اظہار میں مروت یا کوئی جذباتی وابستگی غالب رہتی ہے۔ اس دور کی یہ رواداری، فراخدلی اور وسیع النظری تاریخ کے صفحات کی انمٹ تحریروں میں تبدیل ہو چکی ہے۔ اسٹیٹ آرکائیوز کے ناقابل تردید اور شک و شبہ کی کسی بھی گنجائش سے بالاتر ریکارڈ سے ان حقائق کا ثبوت ملتا ہے۔ صرف یہی ظاہر نہیں ہوتا کہ علوم و فنون کی سرپرستی اور قدردانی میں کوئی امتیاز نہیں برتا جاتا تھا بلکہ اس سلسلے میں انداز فکر صحت مند اور طرز عمل

نہایت مہذب اور لب ولہجہ شائستہ ہوا کرتا تھا۔ ریاست ہی کے نہیں بیرون ریاست کے افراد اور ادارہ جات کی امداد میں جن میں تحقیقی ادارے بھی شامل تھے اور جامعات بھی شامل تھیں جس طرح آصف سابع نے فیاضی دکھائی اس کی تفصیلات بیان کرنے کے لئے کتنے ہی مضامین لکھے جاسکتے ہیں۔ زیر نظر مضمون میں صرف سابق ریاست ممبئی کے شہر پونا کے ایک تحقیقی ادارے اور ہندوستان کے اکثریتی فرقے کی دو سب سے بڑی اور مقبول ترین کتابوں رامائن اور مہا بھارت میں سے ایک کتاب مہابھارت کیلئے امداد کی کارروائی کا احاطہ کیا گیا ہے۔

پونا بھنڈارکر اورینٹل ریسچ انسٹی ٹیوٹ سنسکرت زبان و ادب اور قدیم ہندوستانی ثقافت کے تحقیقی کاموں کیلئے مختص رہا ہے۔ اس انسٹی ٹیوٹ نے طلبہ کے قیام کیلئے ایک گیسٹ ہاؤس کی تعمیر اور مہا بھارت کی اشاعت کیلئے مالی امداد جاری کرنے کی درخواست کی تھی جس پر آصف سابع نے گیسٹ ہاؤس کی تعمیر کیلئے پچیس (۲۵) ہزار روپۓ اور مہا بھارت کی اشاعت کیلئے ایک ہزار روپۓ دس سال کی مدت کیلئے منظور کئے۔ گیسٹ ہاؤس کی تعمیر نامکمل رہنے پر تعمیر کو مکمل کرنے اور اس کے فرنیچر کیلئے مزید مالی امداد کی درخواست کی گئی جسے آصف سابع نے منظوری دے دی۔ مہابھارت کی امداد کے دس سال کی مدت ختم ہونے پر اس کیلئے بھی مزید امداد جاری رکھنے کیلئے درخواست روانہ کی گئی۔ آصف سابع نے اس درخواست پر بھی مزید ایک سال کیلئے امداد کی منظوری عطا کی۔ اسٹیٹ آرکائیوز کے ذخائر میں محفوظ ریکارڈ سے استفادہ کرتے ہوئے اس کارروائی کی تفصیلات ذیل میں پیش کی جا رہی ہیں۔

پونا کے بھنڈارکر اورینٹل ریسرچ انسٹی ٹیوٹ کی جانب سے اس کے سکریٹری نے حکومتِ حیدرآباد سے سالانہ امداد کے حصول کیلئے ایک درخواست روانہ کی تھی۔ اس درخواست پر ابھی کارروائی جاری تھی کہ اس سلسلے میں انسٹی ٹیوٹ کی جانب سے ایک اور درخواست بھیجی گئی کہ وسط اگست ۱۹۳۲ء میں وائسرائے اور کاؤنٹس آف ولنگڈن اس ادارے کے ملاحظہ کیلئے آنے والے ہیں۔ اس موقع پر دیگر امور کے علاوہ جو یہ سرپرستوں کا انتخاب اور عطیات کا اعلان کیا جائے گا۔ اس لئے اس انسٹی ٹیوٹ کے مختلف کاموں کیلئے ریاست حیدرآباد کی جانب سے سالانہ امداد منظور کی جائے۔

ان درخواست پر ناظم تعلیمات نے اس رائے کا اظہار کیا کہ اگر آصف سابع مناسب خیال فرمائیں تو ریاست حیدرآباد کی جانب سے اسی طرح کوئی مناسب امداد منظور کی جاسکتی ہے جس طرح ریاست میسور کی جانب سے کی گئی۔ ریاست میسور کی جانب سے پانچ سو روپئے سالانہ کی امداد منظور کی گئی ہے۔ سررشتہ تعلیمات کے موازنے میں گنجائش نہیں ہے۔ اگر آصف سابع امداد عطا کرنا مناسب خیال فرمائیں تو امداد زائد از موازنہ منظور فرمائی جائے۔ ناظم تعلیمات نے معتمد تعلیمات کی رائے سے اتفاق کیا۔ صدر المہام فینانس (سر اکبر حیدری) نے رائے دی کہ دنیا کی ایک معرکتہ الآرا تصنیف مہابھارت جو ہندوستانی نفطہ نظر سے ہر آئینہ ایک قومی کتاب ہے اس کی اشاعت کی سرپرستی کی تحریک پر نہایت ہمدردانہ طور پر غور کرنا مناسب ہو گا۔ انہوں نے لکھا کہ حال ہی میں ارباب انسٹی ٹیوٹ نے ان سے مل کر حسب ذیل امور کی شدید ضرورت ظاہر کی تھی۔

(۱) انسٹی ٹیوٹ میں حصولِ تعلیم کیلئے جو طلبہ آتے ہیں ان کیلئے ایک گیسٹ ہاؤس کی تعمیر

(۲) مہابھارت کی اشاعت

(۳) انسٹی ٹیوٹ میں ایرانی وسٹمک کی تعلیم کیلئے سہولتیں بہم پہنچانا۔

پہلے دو امور کی تائید کرتے ہوئے سر اکبر حیدری نے لکھا کہ گیسٹ ہاؤس کی تعمیر کے لئے پچیس ہزار روپۓ کی یکمشت امداد اس شرط سے دی جائے کہ یہ عمارت آصف سابع سے موسوم کی جائے اور معرکتہ الآرا قومی کتاب "مہا بھارت" کی اشاعت کیلئے دس سال تک سالانہ دو ہزار پانچ سو روپۓ کی امداد دی جائے۔ جب یہ کارروائی بابِ حکومت کے اجلاس منعقدہ ۸ اگست ۱۹۳۲ء میں پیش ہوئی تو بہ اختلاف رائے صدرالمہام مال حسب ذیل قرار داد منظور ہوئی۔

"بھنڈارکر انسٹی ٹیوٹ میں ایک گیسٹ ہاؤس کی تعمیر کیلئے جو بندگان اعلیٰ حضرت کے اسم ہمایونی سے موسوم ہوگا پچیس ہزار کلدار سرکار عالی کی جانب سے دیئے جائیں اور مہابھارت کی اشاعت کیلئے ایک ہزار کلدار سالانہ دس سال تک دیئے جائیں۔ صدرالمہام مال (لفٹنٹ کرنل ٹرنچ) کو اس سے اس وجہ سے اختلاف ہے کہ آج کل کے اقتصادی حالات اور مالی مشکلات کے مد نظر سرکار عالی کو یہ عطیہ نہیں دینا چاہیئے"۔

صدر اعظم (مہاراجہ کشن پرشاد) نے انسٹی ٹیوٹ کے سکریٹری کی درخواست کا خلاصہ، درخواست پر ناظم تعلیمات، معتمد تعلیمات اور صدر المہام فینانس کی سفارشات اور کونسل کی قرار داد ایک عرض داشت مورخہ ۲۴ ربیع الثانی ۱۳۵۱

ھم ۲۷ اگست ۱۹۳۲ء میں درج کرتے ہوئے آصفِ سابع کے ملاحظے اور احکام کیلئے پیش کی۔

آصفِ سابع نے کونسل کی رائے سے اتفاق کیا اور گیسٹ ہاؤس کی تعمیر اور مہا بھارت کی اشاعت کیلئے امداد منظور کی۔ اس سلسلے میں آصفِ سابع کا جو فرمان مورخہ ۴ جمادی الاول ۱۳۵۱ ھم ۶ ستمبر ۱۹۳۲ء صادر ہوا تھا اس کا متن ذیل میں درج کیا جاتا ہے۔

"کونسل کی رائے مناسب ہے۔ حسبِ مذکور انسٹی ٹیوٹ میں ایک گیسٹ ہاؤس تعمیر کرنے کیلئے جو میرے نام سے موسوم ہوگا (یعنی نظام گیسٹ ہاؤس) پچیس ہزار کلدار یکمشت دیئے جائیں اور مہا بھارت کی اشاعت کیلئے دس سال ایک ہزار کلدار سالانہ امداد دی جائے"۔

آصفِ سابع کے فرمان کی تعمیل کی گئی جس پر بھنڈارکر اورینٹل ریسرچ انسٹی ٹیوٹ کے اعزازی سکریٹری نے ایک مراسلے کے ذریعہ اطلاع دی کہ آصفِ سابع کی جانب سے جو فیاضانہ امداد دی گئی ہے، اس کیلئے ادارے کی ریگولیٹنگ کونسل بارگاہ خسروی میں شکر و نیاز عرض کرتی ہے۔ نیز ریگولیٹنگ کونسل نے بالاتفاق طئے کیا ہے کہ اس فیاضانہ عطیے کے مد نظر ہز اگزالٹیڈ ہائی نس میر عثمان علی خاں بہادر کو بھنڈارکر ریسرچ انسٹی ٹیوٹ کا سرپرست منتخب کیا جائے۔ اس درخواست پر کونسل نے اپنے اجلاس میں یہ رائے ظاہر کی کہ انسٹی ٹیوٹ کی استدعا لائق پذیرائی ہے۔ کونسل کی سفارش منظور کرتے ہوئے آصف سابع نے انسٹی ٹیوٹ کی سرپرستی قبول کی اور فرمان مورخہ ۵ ربیع الاول ۱۳۵۲ ھم ۲۹ جون ۱۹۳۳ء کے

ذریعہ یہ حکم صادر کیا۔ "کونسل کے رائے کے مطابق مذکورہ استدعا منظور کی جائے "۔ سرپرستی قبول کئے جانے کی اطلاع ملنے پر اس انسٹی ٹیوٹ کے آنریری سکریٹری نے اپنے ایک مراسلے کے ذریعہ شکریہ ادا کرتے ہوئے لکھا کہ نظام گیسٹ ہاؤس جو سرکار عالی کی فیاضانہ امداد سے تیار ہو رہا ہے، اس کی تعمیر قریباً ختم ہے۔ وائسرائے ہند عنقریب پونا آنے والے ہیں۔ انہیں اس موقع پر بھنڈار کر ریسرچ انسٹی ٹیوٹ کا معائنہ کرنے کیلئے مدعو کیا گیا ہے اور وائسرائے نے دعوت قبول کرلی ہے۔ چونکہ وائسرائے نئے تعمیر ہونے والے نظام گیسٹ ہاؤس کا بھی معائنہ کریں گے اس لئے اس موقع پر بہ حیثیت معطی گیسٹ ہاؤس و سرپرست ادارہ آصف سابع کی جانب سے وائسرائے کی آمد کا موزوں الفاظ میں خیر مقدم کیا جائے تو نہایت مناسب ہو گا۔ اس کے علاوہ گیسٹ ہاؤس کی تعمیر کیلئے مزید امداد منظور کرنے کی بھی درخواست کی گئی۔ اس بارے میں سکریٹری نے لکھا کہ نظام گیسٹ ہاؤس کی تعمیر کیلئے سابق میں جو تخمینہ تیار کیا گیا تھا اس سے تین ہزار روپۓ کا زائد خرچ اس وجہ سے ہوا ہے کہ یوروپی ممالک کے مہمانوں کے قیام میں سہولت کی غرض سے بعض زائد انتظامات کو ضروری خیال کیا گیا نیز اصل تخمینہ میں فرنیچر کیلئے گنجائش نہیں رکھی گئی تھی جس کیلئے مزید تین ہزار روپۓ درکار ہیں۔ اس طرح نظام گیسٹ ہاؤس کیلئے جملہ چھ ہزار روپۓ کی امداد عنایت کی جائے۔ صدر اعظم مہاراجہ سر کشن پرشاد نے اس کارروائی کی تفصیلات اور انسٹی ٹیوٹ کے سکریٹری کی درخواست کا خلاصہ عرض داشت مورخہ ۲۲ جولائی ۱۹۳۳ء کے ذریعہ آصف سابع کی خدمت میں پیش کیا مگر آصف سابع نے اس مرتبہ مزید امداد دینے اور پیام روانہ کرنے کی

استدعا منظور نہیں کی۔ عرض داشت پیش ہونے کے دوسرے ہی روز معتمد پیشی نے معتمد باب حکومت کو ایک مراسلے کے ذریعہ آصف سابع کے ان احکام کی اطلاع دی۔ "دونوں امورات سے ہم کو تعلق نہیں ہے۔ جو کچھ ہم کو کرنا تھا وہ کر چکے۔ خاموشی مناسب ہے"۔ گیسٹ ہاؤس کی تعمیر کیلئے مزید امداد کی منظوری نہ ملنے پر اور حکومت ریاست حیدرآباد کی خاموشی اختیار کر لینے پر بھی بھنڈار کر انسٹی ٹیوٹ کے ارباب اقتدار خاموش نہیں بیٹھے۔ چند ماہ بعد انسٹی ٹیوٹ کے آنریری سکریٹری نے ایک درخواست مورخہ ۱۴ فروری ۱۹۳۴ء روانہ کی جس میں استدعا کی گئی کہ نظام گیسٹ ہاؤس کی بقیہ تعمیر کیلئے ڈھائی ہزار اور اس کے فرنیچر کیلئے پانچ ہزار یعنی ساڑھے سات ہزار روپے عطا کئے جائیں۔ اگر یہ امداد منظور نہ کی گئی تو عمارت نامکمل رہ جائے گی۔ انسٹی ٹیوٹ خود اس سلسلے میں کچھ کرنے کے قابل نہیں ہے کیونکہ وہ اس وقت پینتیس ہزار روپے کا مقروض ہے۔ اس درخواست پر معتمدِ تعلیمات نے رائے دی کہ اب کوئی رقمی امداد نہیں دی جاسکتی۔ محکمہ فینانس نے لکھا کہ اسے تکمیل عمارت کی بابت ڈھائی ہزار روپے منظور کئے جانے سے اختلاف نہیں ہے مگر باب حکومت نے مزید ساڑھے سات ہزار روپے کی یکمشت امداد دینے کی سفارش کی۔ صدر اعظم نے اس کارروائی کو ایک عرض داشت مورخہ ۱۱ ستمبر ۱۹۳۴ء کے ذریعے آصفِ سابع کے ملاحظے کیلئے پیش کیا۔ اس بار آصفِ سابع نے مزید امداد کی منظوری دے دی۔ اس سلسلے میں آصفِ سابع کا حسبِ ذیل فرمان مورخہ ۱۳ ستمبر ۱۹۳۴ء صادر ہوا تھا۔

"کونسل کی رائے کے مطابق مذکور انسٹی ٹیوٹ کو مزید ساڑھے سات ہزار کلدار یکمشت دیئے جائیں لیکن انسٹی ٹیوٹ کے سکریٹری کو اطلاع دی جائے کہ اس کے بعد کوئی مزید امداد نہ دی جائے گی"۔ جیسا کہ اوپر بیان کیاج اچکا ہے کہ مہا بھارت کی اشاعت کیلئے دس سال تک ایک ہزار کلدار سالانہ امداد کی منظوری بذریعہ فرمان مورخہ ۴ جمادی الاول ۱۳۵۱ھ عمل میں آئی تھی۔ یہ تعمیلِ فرمان اسی وقت احکام کی اجرائی عمل میں آئی تھی۔ جب یہ دس سالہ مدت ختم ہونے کو تھی تو انسٹی ٹیوٹ کے سکریٹری نے اس کام کی رپورٹ پیش کرتے ہوئے استدعا کی کہ منظورہ امداد کی مدت قریب الختم ہے، لہذاادارے کی ترقی کے مد نظر منظورہ سالانہ امداد میں مزید دس سال کی توسیع منظور فرمائی جائے۔ اس درخواست پر محکمہ فینانس نے رائے دی کہ موجودہ حالات کے مد نظر فینانس کیلئے اس رقم کا زائد از موازنہ فراہم کرنا دشوار ہے۔ اس لئے مناسب ہو گا کہ جو رقم بھی باب حکومت سے منظور کی جائے اس کی ادائی محکمہ تعلیمات یا عثمانیہ یونیورسٹی کے بجٹ سے ہو۔ مجلس اعلیٰ جامعہ عثمانیہ اور صدرالمہام تعلیمات نے پنچ سو کلدار کی امداد دینے سے اتفاق کیا لیکن کونسل نے سفارش کی کہ جامعہ عثمانیہ کی بچت سے پانچ سو کلدار کی امداد سر دست ایک سال کے لئے عطا کی جائے۔ جب صدر اعظم نے تمام کارروائی کی تفصیلات ایک عرض داشت مورخہ ۲۷ جون ۱۹۴۲ء کے ذریعہ آصف سابع کے ملاحظہ اور احکام کیلئے پیش کیں تو انہوں نے مزید امداد کی بھی منظوری دے دی۔ اس بارے میں حسب ذیل فرمان مورخہ ۲۵ رجب ۱۳۶۱ھم ۱۱۹گست ۱۹۴۲ء جاری ہوا تھا۔

"کونسل کی رائے کے مطابق مذکور انسٹی ٹیوٹ کو مہا بھارت کی اشاعت کی

غرض سے گنجائش محولہ سے مزید ایک سال تک پانچ سو کلدار سالانہ امداد دی جائے۔ اس کے بعد یہ جاری نہیں رہ سکتی"۔

مہابھارت کی اشاعت کیلئے ساڑھے دس ہزار کلدار کی رقم گیارہ سال کی مدت یعنی ۱۹۳۲ء تا ۱۹۴۲ء کے دوران جاری کی گئی تھی۔ یہ رقم اگر آج ادا کی جائے تو آج کی قدرِ زر Value of money کے پیش نظر یقیناً حقیر کیلائے گی لیکن اس دور کے ہزار روپے آج کے پچاس ہزار روپے تا ایک لاکھ سے کم نہ تھے۔ اس طرح صرف ایک کتاب کی اشاعت کیلئے آج کی قدر زر کے حساب سے لاکھوں روپئے کی امداد آج کے جمہوری دور کی علم دوستی اور علم و ادب کی سرپرستی کے پیمانوں سے بھی غیر معمولی اور فیاضانہ تسلیم کی جائے گی اور اس فیاضی کی مثال ملک کے کسی دوسرے حصے میں مشکل ہی سے ملے گی۔ گیسٹ ہاؤس کی تعمیر کیلئے پچیس ہزار روپئے ۱۹۳۲ء میں اور مزید ساڑھے سات ہزار روپئے ۱۹۳۴ء میں ادا کئے گئے تھے۔ یہ دوسری عالم گیر جنگ سے پہلے کا دور ہے جہاں تک گیسٹ ہاؤس کی تعمیر کیلئے ساڑھے بتیس ہزار روپئے کی امداد کا تعلق ہے، اس کی اہمیت اور قدر و قیمت کا اندازہ لگانے کیلئے صرف اتنا اشارہ کافی ہو گا کہ حالیہ تین چار دہوں کی مدت میں زمین اور جائیداد کی قدر و قیمت میں کئی سو گنا اضافہ کی کئی مثالیں ہمارے سامنے موجود ہیں۔

***

۴

لغت مجتہدی کے ترتیب کار

سید یعقوب میراں مجتہدی

سعید حسین

اُردو کی ترقی کے ساتھ ساتھ ہندوستان کی دیگر ریاستوں میں معنی کے فرق نے یک لسانی لغت (اُردو سے اُردو) کی تیاری کی طرف ناشرانِ کتب کو متوجہ کیا چنانچہ انیسویں صدی کے شروع میں اس پر زیادہ کام ہونے لگا۔ صف اول کے ناشروں میں نول کشور، فیروز الدین وغیرہ کے نام عام ہیں۔ انہیں کے ناموں سے اُردو سے اُردو میں لغت شائع ہوئی۔ بیسویں صدی کے شروع میں لسان و ادب کے علاوہ سہ لسانی لغت کی شدید ضرورت محسوس کی گئی۔ اس کے علاوہ سائنسی، فنی اور قانونی علوم کے تراجم کی ضرورت بڑھتی گئی۔ نارائن لال اور فیروز اینڈ سنس لاہور کی اُردو انگریزی لغت ۱۹۶۶ء میں شائع ہوئی۔ انہیں دنوں میں مولوی عبدالحق کی انگلش۔ اُردو ڈکشنری بھی بازار میں آئی، لیکن یہ تمام ڈکشنریاں سائنس، ادب، قانون میں نئی نئی اصطلاحات کی ایجاد کے ساتھ ناکافی ثابت ہونے لگیں۔ جناب یعقوب میراں

مجتہدی نے اس ضرورت کو شدت سے محسوس کیا کیونکہ ان کا تعلق حکومت آندھرا پردیش کے محکمہ ٹرانسلیشن سے رہا ہے۔ یہاں اس محکمہ میں ہر روز ترجمہ میں نئی نئی سیاسی، سماجی، معاشرتی، خاندانی، شہری اور دیہی اصطلاحات اور الفاظ سامنے آتے رہتے ہیں۔ ان کے ترجمہ میں آنے والی مشکلوں سے وہ نبرد آزما رہتے تھے۔ یہیں انہیں ایک ایسی لغت سازی کی تحریک ملی جو مستقبل میں کئید ہوں تک کارآمد رہے، چنانچہ انہوں نے لغت سازی کو ضرورت کے ساتھ ساتھ فن سمجھا اور پچیس سال تک سخت محنت اور ہزاروں مختلف لسانی لفظوں کی جستجو اور کھوج کے بعد تن تنہا اس کام کو کر ڈالا جو کئی ماہر ان الفاظ شناس اور ان پر مشتمل ایک جماعت کا کام ہے۔

یعقوب میران صاحب مجتہدی کی لغت مجتہدی اُردو تاریخ کی سب سے مکمل اُردو۔ انگریزی لغت ہے۔ اس کی خصوصیات میں سب سے اہم خصوصیت یہ ہے کہ ایک اُردو لفظ کے ہندوستانی ریاستوں میں مختلف مفاہم اور معنی کو بتایا گیا ہے۔ میں جناب یعقوب میران صاحب کو تیس سال سے جانتا ہوں۔ وہ مجھے ہر وقت اپنے آگے بڑھتے ہوئے کام کو بتایا کرتے تھے۔ ڈکشنری کی تکمیل کے بعد اس کی اشاعت کے لئے بہت فکر مند رہا کرتے تھے۔ یہ اہلیان اُردو کے لئے بڑی خوشی کی بات ہے۔ سید ہاشم میموریل کے فاؤنڈیشن کے صدر جناب سید عبد القادر جیلانی نے اس کی اشاعت کی تکمیل فرمائی۔

یعقوب میران مجتہدی جناب سید شہاب الدین مجتہدی کے گھر ۵ جولائی ۱۹۳۱ء کو پیدا ہوئے۔ ابتدائی تعلیم و تربیت ان کے دادا جناب سید محمد تقی مجتہدی

کے سایہ عاطفت میں مکمل ہوئی۔ مدرسہ فوقانیہ چنچل گوڑہ سے ۱۹۴۶ء میں میٹرک کا امتحان کیا اور ۱۹۴۸ء میں حیدرآباد کی تاریخی درس گاہ سٹی کالج سے اُردو میڈیم میں انٹر پاس کیا۔ والد صاحب کے مشورہ پر انگلش ٹائپنگ اور شارٹ ہینڈ کا امتحان پاس کیا۔ ۱۹۵۲ء میں B.A میں داخلہ لیا اور ۱۹۵۴ء میں گریجویشن کی تکمیل کی۔ اعلیٰ حضرت میر عثمان علی خاں صاحب آصف سابع کے دفتر پیشی میں اسٹینو گرافر کی ایک اسامی نکل آئی۔ اُس وقت یعقوب میراں صاحب کے والد بزرگوار حضورِ نظام کے دفتر پیشی میں سپرنٹنڈنٹ تھے۔ اسی دفتر میں جون ۱۹۵۵ء میں انہیں بھی اسٹینو گرافر کی ملازمت مل گئی۔ یعقوب میراں صاحب نے مجھے بتایا تھا کہ انہیں بچپن سے ہی ترجمہ نگاری کا شوق تھا۔ دفتر پیشی میں ترجمہ کے دوران انہیں ڈکشنری کی ضرورت پڑتی تھی۔ اس وقت سب سے معتبر اُردو۔ انگلش ڈکشنری مولوی عبدالحق ہی کی تھی، لیکن زیادہ تر الفاظ کے معنی و مفہوم دفتری زبان سے مختلف ہوتے تھے، وہیں کئی الفاظ اپنے معنی و مفہوم مختلف مطالب پیش کرتے۔ ان ہی دنوں ۱۹۵۵ء میں لسانی بنیادوں پر ہندوستانی ریاستوں کی تقسیم عمل میں آئی تھی۔ ویسے تو یعقوب میراں دفتر پیشی میں اسٹینو گرافر تھے، مگر اُردو سے انگریزی میں انہیں تراجم کرنے پڑتے تھے۔ ۱۹۶۰ء میں محکمۂ ترجمہ میں سینئر اُردو ٹرانسلیٹر کی حیثیت سے تقرر عمل میں آیا۔ یہی وہ موقع اور وقت تھا، انہیں ان کی منزل مل گئی۔ یہاں انہیں انگریزی سے اُردو اور ملک کی کئی ریاستوں کی زبان میں ترجمہ سے سابقہ پڑا۔ یہیں انہوں نے محسوس کیا کہ ایک لفظ کے ہندوستان کی دیگر ریاستوں میں معنوں میں بہت فرق ہے۔ اس بات کو اپنے ذہن میں رکھ کر الفاظ کے معنی،

مفہوم، مطالب اور محاوروں کے فرق کو اپنی ڈکشنری میں واضح کیا ہے۔ ایک ایسی ہمہ لسانی معنی کی ڈکشنری کی تیاری میں تیزی آگئی اور ۱۹۷۰ء کے درمیان اس کام کے لئے پہلو بند ہو گئے۔ لغت سازی کے لحاظ سے یہ کام ایک دفتر اور عملہ، کاغذ، دوات و قلم کا محتاج تھا لیکن انہوں نے تن تنہا اس کام کی تکمیل کا عزم کیا۔ مسلسل اپنی زندگی کے قیمتی ۲۵ سال کو یادگار بنا لیا۔ لغت مجتہدی کی شکل میں اُردو داں حضرات کے لئے یہ تحفۂ سلاسل ہے یعنی ہر آنے والی نسل اس سے استفادہ کرتی رہے گی۔

"لغت مجتہدی" کی چند خصوصیات: (عرض مؤلف سے ماخوذ)

(۱) یہ ڈکشنری ۲,۸۰۰ سے زیادہ صفحات پر مشتمل ہے۔ اس میں ۹۰،۰۰۰ سے زائد اندراجات ہیں اور بنیادی الفاظ کی تعداد ۲۵،۰۰۰ سے زیادہ ہے۔ ان میں عربی الفاظ ۷،۰۰۰، فارسی ۴،۰۰۰، ہندی ۸۷۵، اُردو محاورے ۶،۰۰۰، مثالیہ جملے ۱۹،۰۰۰، مثالیے فقرے ۱۸،۰۰۰، اُردو ضرب الامثال ۱،۰۰۰، عربی ضرب الامثال ۲۵ ہیں۔ اسلام سے متعلق تقریباً ۴۰۰ اندراجات ہیں۔ ہندومت، عیسائیت، پارسیوں، یہودیوں اور سکھوں میں مروج الفاظ و اصطلاحات بھی شامل ہیں۔ قانون، طب، طبیعیات، کیمیاء، فلکیات، تاریخ، جغرافیہ، گرامر، ریاضی، معاشیات، فلسفہ، صنعت و حرفت وغیرہ کے بے شمار اندراجات آپ اس ڈکشنری میں پائیں گے۔ یہی نہیں سیاسی الفاظ، پارلیمانی اصطلاحات، فوج سے متعلق الفاظ، اُردو ادب، منطق اور صحافت سے متعلق بھی کئی الفاظ اس میں شامل ہیں۔ کچھ پرتگالی اور کشمیری الفاظ کے علاوہ بے شمار الفاظ و اندراجات ایسے ہیں جو کہ

مندرجہ بالا زمروں میں شامل نہیں ہوتے، مثلاً اطلاعیات، انقاضہ، تاب کاری، انسانی بم، خودکش دستہ، نکسل وادی، مانع حمل آپریشن، مصنوعی سیارہ، مواصلاتی سیارہ نیوکلیئر، ویدانت، خانگیانہ، نجیانا، خلائی جہاز، خلاباز، خلانورد، دَل بدل، سپاری، بالی ووڈ، پختونستان وغیرہ وغیرہ۔ بہرحال میں نے کوشش کی ہے کہ میری اس ڈکشنری میں کوئی لفظ چھوٹنے نہ پائے، حتی کہ بہت سے ایسے الفاظ بھی لغت میں شامل کر دیئے جو اگرچہ اب متروک ہو چکے ہیں لیکن اُردو زبان و ادب کا حصہ رہے ہیں۔

(۲) تمام الفاظ فقروں اور جملوں کو اُردو رسم الخط کے ساتھ رومن رسم الخط بھی لکھا گیا ہے تاکہ الفاظ کے صحیح تلفظ کی صراحت ہو سکے، نیز وہ تمام لوگ جو تھوڑی بہت اُردو جانتے ہیں، رومن رسم الخط کی مدد سے اس ڈکشنری سے استفادہ کر سکیں۔

(۳) ہر لفظ کا ماخذ، تذکیر و تانیث اور واحد و جمع کی وضاحت کی گئی ہے۔ بہت سے انگریزی الفاظ ایسے ہیں جو مذکر اور مونث دونوں طرح استعمال ہوتے ہیں۔ مثلاً گلاس، اسکوٹر، موٹر، نوٹس وغیرہ ایسے الفاظ کے محاذی مذکر، مونث لکھ دیا گیا ہے۔

(۴) انگریزی میں بہت سے اُردو الفاظ یا اصطلاحات کے غیر انگریزی مترادفات بھی دیئے ہیں مثلاً "بار ثبوت" کیلئے Burden of Proof کے علاوہ لاطینی Onus Probandi "طریقہ کار" کیلئے A Course of Action کے علاوہ Modus Oprerandi "زبانِ خلق نقارۂ خدا" کیلئے The Voice of

the People, The Voise of God کے علاوہ vox dei، vox populi
اور "مداخلت کا حق" کیلئے Right to Intervetion کے علاوہ Locus Standi بھی دے دیئے ہیں۔

(۵) حروفِ جار (Prepositions) کے استعمال میں اکثر لوگ غلطی کر جاتے ہیں۔ اس کے لئے میں نے جہاں جہاں ضروری سمجھ، اسم یا فعل کے ساتھ حروفِ جار بھی دیئے ہیں۔ اس سے بہت سے لوگوں کو صحیح انگریزی لکھنے میں مدد ملے گی۔

***

۵

حیدرآباد میں دارالترجمہ کا قیام

ڈاکٹر منیر الزماں منیر

جامعہ عثمانیہ کے قیام کے سلسلہ میں جو تجاویز پیش کی گئی تھیں، ان کے ساتھ ساتھ اس امر پر بھی غور کیا گیا کہ ایک ایسا ادارہ بھی قائم کیا جائے جہاں نصابی اور کتابی اغراض و مقاصد کی تکمیل ہو اور جہاں مختلف علوم و فنون کی کتابوں کا جو یونیورسٹی کے امتحانات کیلئے نصاب میں شامل تھیں، اردو زبان میں ترجمہ ہو۔

جن حالات میں جامعہ عثمانیہ کے قیام کے سلسلے میں کوششیں کی جا رہی تھی ویسے ماحول میں مولوی عبدالحق، پنڈت کشن راؤ، مولوی مرتضیٰ اور حافظ محمد مظہر نے حاکم وقت میر عثمان علی خاں کی خدمت میں حاضر ہو کر ایک دارالترجمہ کے قیام کی سفارش کی جسے من و عن قبول کرتے ہوئے سر رشتۂ تالیف و تراجم کے قیام کی منظوری دیدی گئی۔

اس طرح جامعہ عثمانیہ کے قیام سے تقریباً ایک سال قبل ایک شاہی فرمان کی روشنی میں جو ۱۴ اگست ۱۹۱۷ء کو جاری ہوا تھا، ۱۶ ستمبر ۱۹۱۷ء کو دارالترجمہ کا قیام عمل میں آیا جس کے ناظم اول کی حیثیت سے بابائے اردو مولوی عبدالحق مقرر

ہوئے۔ مولوی عبدالحق کے بعد جن نامی گرامی شخصیتوں کا انتخاب عمل میں آیا ان میں سید محی الدین، حمید احمد انصاری، محمد عنایت اللہ، محمدالیاس برنی اور ڈاکٹر ایشورناتھ ٹوپا (رجسٹرار عثمانیہ یونیورسٹی) شامل ہیں۔ دارالترجمہ کے ناظم ادبی کی حیثیت سے علامہ نظم طباطبائی اور پھر مابعد شبیر حسین خاں جوش ملیح آبادی اور ناظم مذہبی کی حیثیت سے مولوی صفیالدین اور عبداللہ عمادی مقرر کیئے گئے۔

۱۹۲۴ء کے اوائل میں جوشؔ حیدرآباد آئے ("حیدرآباد میں بیرونی شعراء" مرتبہ پروفیسر سید جعفر ص: ۲۴۳۔ مقالہ نگار ہاشم حسن سعید) جس کا اور مقاصد کے علاوہ اصل مقصد روزی روٹی تھا۔ حیدرآباد پہنچ کر جوش نے سب سے پہلے مہاراجہ سر کشن پرشاد شاد سے ملاقات کی۔ کچھ دن بعد انہیں دارالترجمہ میں ملازمت مل گئی۔ دارالترجمہ سے جوش تقریباً دس سال تک وابستہ رہے، جہاں انہیں عبداللہ خاں عمادی، نظم طباطبائی اور مرزا محمد ہادی رسواء کی صحبت سے بڑا فائدہ پہنچا جس کی تصدیق خود جوش نے کی ہے:

"میری یہ بڑی نمک حرامی ہو گی اگر میں اس امر کا اعتراف نہ کروں کہ شعبہ دارالترجمہ کی وابستگی نے مجھ کو بے حد علمی فائدہ پہنچایا اور خصوصیت کے ساتھ علامہ عمادی، علامہ طباطبائی اور مرزا محمد ہادی رسواء کے فیضان صحبت نے مجھ بے سواد کو میرے جہل پر مطلع کر کے مجھ کو ذوق مطالعہ پر مامور کیا"۔

(یادوں کی برات، ص:۷۵ و نیز شاعر آخرالزماں جوش ملیح آبادی، ڈاکٹر فضل امام ۱۹۸۲ء ص:۲۱)

ادارہ کے وجود میں آنے کے بعد نواب حیدر یار جنگ نظم طباطبائی، مولوی ابو

الخیر مودودی، مولوی عبداللہ عمادی اور مولوی سید ابراہیم ندوی جیسے باکمال اور صاحب علم و فن حضرات کا مترجمین کی حیثیت سے تقرر عمل میں آیا جن کا کام عربی اور فارسی کی مستند کتابوں کا اردو میں ترجمہ کرنا تھا، ترجمہ کا اصل مقصد اہم اصطلاحات وضع کرنا تھا جو ان ہی حضرات سے ممکن تھا۔

متذکرہ بالا مستقل مترجمین کے علاوہ بعض ایسے اسکالرس اور باشعور ذی مغز دانشوروں کی خدمات بھی حاصل کی گئیں، جو زبان پر قدرت کاملہ رکھتے تھے۔ پروفیسر ہارون خاں شروانی، پروفیسر ضیاء الدین انصاری، ڈاکٹر یوسف حسین خاں، ڈاکٹر منور علی، عبدالباری ندوی، علامہ حکیم کبیر الدین، رشید احمد، عبدالمجید صدیقی، میجر فرحت علی، مسعود علی محوی، اشرف الحق اور احسان احمد کے علاوہ بیشتر اکابرین قابل ذکر ہیں۔ ان قابل قدر ہستیوں کی بیش بہا خدمات کے دو نتیجے نکلے۔ ایک تو یہ کہ اردو زبان کا دامن وسیع اور کشادہ ہو گیا جو کل تک سوائے شعری سرمایہ کے نثری سرمایہ سے محروم تھا جس میں دیگر زبانوں کے بیشتر نایاب کتابیں ترجمہ ہو کر شامل کی گئیں تو دوسرے یہ کہ دارالترجمہ کے قیام کی بدولت ایک نیا ادبی ماحول پیدا ہوا جس کی بدلوت اردو میں علوم و فنون پر سینکڑوں کتابیں منتقل ہوئیں۔ اس کے ساتھ ساتھ اردو لٹریچر کے ذخیرے میں بھی قابل لحاظ اضافہ ہوا۔ اس طرح چند ہی برسوں میں اردو زبان بھی دنیا کی ترقی یافتہ زبانوں میں شمار کئے جانے کے لائق ہو گئی۔

دارالترجمہ کے قیام کا ایک اور اہم مقصد یہ بھی تھا کہ ہندوستانیوں کو مغربی ممالک کے علوم و فنون کے ساتھ ساتھ وہاں کی ترقی پسند تحریکوں اور ترقی پذیر قوتوں

سے واقف کرنا اور ان میں ان ہی کی طرح شعور پیدا کرنا تھا۔

اس طرح اس شعبہ کے قیام سے لوگوں میں علمی و ادبی ذوق کے ساتھ ساتھ ان کی ذہنی تربیت بھی ہوئی جس کا نتیجہ یہ نکلا کہ بڑے بڑے شعراء ادباء کے علاوہ ذوق سلیم رکھنے والوں سے حیدرآباد کی فضاء ساز گار ہوئی جن میں سے چند قابل ذکر نام درج ذیل ہیں۔

صفی اورنگ آبادی، امجد حیدرآبادی، یگانہ چنگیزی، نظم طباطبائی، عزیز یار جنگ ولا، مرزا ہادی، سورا، رضی الحسن کیفی، حسرت صدیقی، حکیم وزیر علی جوش، ہارون خاں شروانی، خلیفہ عبدالحکیم، عبدالباری ندوی، قاضی عبدالغفار، ضیاء گورگانی، مرزا فرحت اللہ بیگ، عبدالوہاب عندلیب، مولانا سید مناظر احسن گیلانی اور شمس اللہ قادری وغیرہ۔

عوام الناس کی مادری زبان اردو تھی لیکن سرکاری زبان فارسی تھی، اس لئے ملازمین کو اپنے سرکاری فرائض کی انجام دہی میں کافی مشکلات پیش آرہی تھیں۔ یہ مسئلہ ان کی اپنی دسترس سے باہر تھا کہ فوری سرکاری احکام کی تعمیل ہو۔ کسی قائل کو لفظ لفظ پڑھ کر اور بعد غور و خوض کسی ایک نتیجہ پر پہنچ کر انہیں آگے کوئی اقدام کرنا پڑتا تھا۔ گویا یہ امر کافی وقت طلب تھا۔ شہر سے لے کر مواضعات اور پھر اضلاع کے دفاتر میں بھی کام کی عدم تکمیل پر سارا سرکاری نظام سرمایہ کاری میں مشکلات پیش آرہی تھیں۔ بالآخر ملازمین کی اجتماعی جد و جہد پر سرکار نے ۱۲۸۸ھ میں ایک گشتی نکالی۔

"نظا عدالت کی رائے ہو تو وہ گواہوں یا اہل معاملہ سے اظہار اردو میں قلمبند

کریں"۔(تزک محبوبیہ جلد اول ص:۲۸)

اس حکمنامہ سے ایک پیچیدگی یہ پیدا ہو گئی تھی کہ عدالت کے علاوہ دیگر دفاتری کام بھی فارسی کے بجائے اردو میں کیوں نہ انجام دیئے جائیں۔ ۱۲۹۲ھ میں جب یہ مسئلہ چھڑا تب اردو زبان کے استعمال کی قید، عدالت سے اٹھادی گئی اور پھر محکمہ مال وبندوبست میں بھی اردو کے مکمل استعمال کی اجازت دیدی گئی۔

۱۳۰۱ھ میں جب یہ دیکھا گیا کہ دفاتر میں دو علمی ہو گئی ہے اور امثلہ میں فارسی اور اردو مخلوط ہو جاتی ہے اور کوئی دفتر فارسی میں مراسلت کرتا ہے اور کوئی اردو میں کسی ناظم عدالت کا فیصلہ تمام تر اردو میں ہوتا ہے تو کسی کا فارسی اور اردو سے مخلوط، اس دو علمی کو دور کرنے اور نقائص کو منانے کیلئے ایک مخصوص گشتی ۱۳۰۱ھ۔(۱۸۸۴ء جریدہ غیر معمولی سرکار عالی مورخہ ۲۲ ربیع الثانی ۱۳۰۱ھ) میں جاری ہوئی اور اس میں تفصیل کے ساتھ تمام امور کا اظہار کیا گیا اور اب تمام دفاتر مکمل طور سے اردو میں منتقل ہو گئے۔

مختلف اور مستند کتابوں کی روشنی میں یہ بات سامنے آتی ہے کہ شمال میں سر سید احمد خاں کی تحریک جب اپنے عروج پر تھی تب ریاست حیدرآباد کے ذی شعور افراد اردو زبان میں اعلیٰ تعلیم حاصل کرنے کا خواب دیکھ رہے تھے۔ جن اکابرین نے اس سلسلے میں سب سے زیادہ دلچسپی لی ان میں نواب ارسطو جاہ بہادر اور نواب سکندر جاہ بہادر کے علاوہ نواب شمس الامراء اور کشن پرشاد شاہ کے نام قابل ذکر ہیں۔ نواب مختار الملک، سر سالار جنگ اور نواب شمس الامراء کے اسماء گرامی اس لئے خصوصیت کے حامل ہیں کہ ان ہی کی کدوکاوش، شخصی دلچسپی اور راست نگرانی میں

دارالعلوم اور مدرسہ فخریہ کا قیام عمل میں آیا۔ اول الذکر درسگاہ کا وجود ہی آگے چل کر دارالترجمہ اور جامعہ عثمانیہ کے قیام میں نقش اول ثابت ہوا۔

***

۶

ریلوے بس سرویس

مملکت آصفیہ کا ایک اہم کارنامہ

محمد عبدالقیوم

ہندوستان میں دکن کا حصہ بہ نسبت بقیہ ہندوستان کے زیادہ بلند اور ناہموار اور پتھریلا ہے۔ چنانچہ ۲ اگست حیدرآباد کی سطح بھی ۱۲۵۰ء سے لے کر ۲۵۰۰ فیٹ سطح سمندر سے بلند ہے جس میں جابجا پہاڑی سلسلے اور شمال مغرب سے جنوب مشرق کی طرف بہتے ہوئے دریا نظر آتے ہیں۔ علاقہ مرہٹواڑہ میں جو شمال کی جانب سیاہی مائل بھر بھرے پتھر کی ہے، اس کی سطح اونچی اور کس قدر ہموار ہے۔ علاقہ تلنگانہ کی زمین بھر بھرے پتھر اور چونے کی ہے۔ اس کی سطح ڈھلوان اور ناہموار ہے۔ ریاست حیدرآباد میں زمین کی ناہمواری اور تجرات کی کمی کی وجہ سے مسائل آمد و رفت اتنے وافر نہیں تھے جتنے برطانوی ہند کے بعض صوبوں میں تھے لیکن پھر بھی بڑے بڑے مقامات پر سڑکیں اور ریالیاں موجود تھیں اور سرکار عالی کو ان کی ترقی و اصلاح کی خاص فکر رہی۔

ریاست فرخندہ بنیاد حیدرآباد دکن میں ریلوے لائن کی تعمیر کا مسئلہ سب سے پہلے ۱۸۶۰ء میں اٹھایا گیا اور اہل دکن کو ہوائی رفتار کی طرح اس پر دوڑتے پھرنے کا شوق ہوا تو سکندرآباد اور واڑی کے درمیان (۱۱۷) میل لمبی لائن ۹ اکتوبر ۱۸۷۴ء کو جاری کر دی گئی اور اس کا پورا انتظام چار سال تک جی آئی پی ریلوے کے تحت رہا۔ اس کے چھ سال تک ایک اور اسٹیٹ ریلوے ایجنسی کے تحت رہا۔ جنوری ۱۸۸۵ء سے نظام گیارنٹیڈ ریلوے نے اس خدمت کو ادا کیا۔ اس دوران ریلوے کی ترقی کیلئے نہایت نمایاں کوششیں کی جاتی رہیں جو نہایت کامیابی کے ساتھ پوری بھی ہوئیں۔ یہاں تک کہ آصف سابع نواب میر عثمان علی خاں بہادر کی تخت نشینی ۱۹۱۱ء کے بعد پورنا ہنگولی لائن کا اہم اسکیم بھی میدان عمل میں آکر پورا ہو گیا جس کا بڑا مقصد برطانیہ کے ہند کی میٹر گیج کی تمام ریلوں میں اتصال قائم کرنا تھا۔ اسی زمانہ میں سکندرآباد تا کرنول، کرنول تاڈورناچلم اور قاضی پیٹھ و بلہارشاہ کی لائینیں بھی قائم کی گئیں۔ اس کا افتتاح خود نفس نفیس نواب میر عثمان علی خاں بہادر آصفجاہ سابع نے ۱۶ ڈسمبر ۱۹۲۸ء کو فرمایا۔

ریاست حیدرآباد کی ریلوے کی تاریخ میں ایک خاص امتیازی امر ریل اور سڑک کے مابین حمل و نقل کے باہمی تعاون عمل کا ہے جو کہ سارے ہندوستان بھر میں ایک نئی نرالی چیز تھی یہ کہا جاسکتا ہے کہ سرکار عالی کی ریلوے نے ہندوستان کی دوسری ریلوں کی رہنمائی کی ہے۔ اس نیک اقدام سے بڑی حد تک ریلوے اور روڈ سرویس کی رقابت کا خوف ہمیشہ کیلئے جاتا رہا۔ چنانچہ جون ۱۹۳۲ء میں آزمائشی طور پر بس سرویس کی بعض مخصوص راستوں پر ابتداء کی گئی۔ اس پالیسی کے مالی نتائج

اتنے حوصلہ افزاء ثابت ہوئے کہ روڈ سرویس میں مزید اور مسلسل توسیع کی حکمت عملی آصف سابع نے قبول کی۔ چنانچہ مملکت نظام سرکار عالی کی قریب قریب تمام شاہراہوں پر مسافروں کے لئے بس سرویس جاری کر دی گئی اور بعض منتخب شاہراہوں پر بار برداری کا بھی نہایت معقول انتظام کیا گیا۔ آصف سابع کی تخت نشینی کی سلور جوبلی کی تقریب (فروری ۱۹۳۷ء) تک قریب قریب چار ہزار میل لمبی سڑکوں پر اندازۃً (۳۵۰) بسیں جاری کی گئیں و نیز حیدرآباد اور ورنگل میں سوداگروں کے گودام سے ریلوے اسٹیشن تک لانے اور پھر اسٹیشن سے سوداگروں کے مال گودام تک پہونچانے کیلئے ریلوے بس کا آغاز ہوا۔

ریاست حیدرآباد سرکاری عالی کی زبردست سڑکیں، جدید اصول پر صفائی اور بلدہ حیدرآباد کی شاندار عمارتیں اور ریاست کے طول و عرض میں آبپاشی کے لئے بیشمار پراجکٹ سیاح کے دل پر اثر ڈالے بغیر نہیں رہ سکتے۔ نظام کے دور میں ترقی، یہاں کا مطمع نظر رہا۔ اس پالیسی کی ایک مزید مثال کے طور پر نظامس اسٹیٹ ریلوے سرکار عالی کی تجرباتی روڈ سرویس ابتداء میں جاری کی۔ سڑکوں کے ذریعہ سے سفر کرنے والی پبلک کو ایسی سہولتیں حاصل ہوئیں جن سے تاحال وہ بڑے بڑے شہروں سے قطع نظر، سلطنت ہند کے کسی حصہ میں نہیں تھی۔ ان سرویس کا منشاء یہ تھا کہ اضلاع کے باشندوں کیلئے قریب ترین ریلوے اسٹیشن یا بڑے شہر تک آنے جانے کے آرام دہ اور سستے ذرائع پیدا کئے جائیں۔

۱۵ جون ۱۹۳۲ء سے عام طور پر نظامس اسٹیٹ ریلوے کی روڈ میکانیکل ٹرانسپورٹ سرویس کا آغاز ہوا۔ مضافاتی سرویس سکندرآباد اور مچھلی کمان کے مابین

جاری ہوئی۔ سکندرآباد اسٹیشن سے مچھلی کمان تک پانچ آنہ سکہ عثمانیہ کرایہ مقرر کیا گیا۔ شہر میں ملک پیٹ، کاچی گوڑہ اور نام پلی اسٹیشنوں کے مابین بسیں متواتر دوڑتی رہیں اور مضافاتی ٹرینوں کے مسافران بسوں کے باعث مذکورہ اسٹیشنوں پر ہر وقت ارزاں بس سرویس حاصل کرنے لگے۔

ملک پیٹ اور حیدرآباد (کاچی گوڑہ) کے اسٹیشنوں سے شہر (مچھلی کمان) تک کرایہ فی کس صرف ایک آنہ رکھا گیا۔ بسوں کے ٹھہرنے کے لئے بعض مقامات پر جب تجویز کوتوال بلدہ اشارات قائم کئے گئے۔ مراحل کرایہ کے اشارات سرخ حرفوں میں اور معمولی مقامات وقوف کے اشارے سیاہ حرفوں میں تجویز ہوئے۔ اضلاع کی بس سرویسوں میں بھی جو ۱۵ جون سے جاری ہوگئیں، بسیں حیدرآباد سے نلگنڈہ تک براہ نارکٹ پلی جاری ہوئیں جہاں ایک ڈپو قائم کیا گیا اور الحاقی سرویسوں کا سلسلہ بھونگیر اور کھمم میٹ پر مشتمل تھا۔

بسوں کے مسافروں کی سہولت کیلئے نارکٹ پلی پر آرام دہ ویٹنگ روم اور ریفریشمنٹ ہال تیار کئے گئے۔ حیدرآباد سے روانہ ہونے والی تمام بسیں نارکٹ پلی پر دس منٹ ٹھہرتی تھیں اس طرح بارش سے بچتے ہوئے مسافر الحاقی گاڑیوں کا انتظار کرتے اور فوراً ان میں اپنی نشست حاصل کرلیتے۔ الحاقی سرویسوں کے اوقات کی ترتیب اس طریقہ پر قائم کی گئی کہ براہ راست سفر کرنے والوں کو کسی تاخیر کا سامنا کرنا نہیں پڑتا۔ بسوں کی روانگی ٹھیک اوقات پر ہوتی تھی اور عوام سے یہ التماس کیا گیا کہ وہ بسوں کے مقام وقوف پر ٹائم ٹیبل کی پابندی کریں۔ اوقات ایسے مقرر کئے گئے کہ جن سے پبلک کامل طور سے استفادہ کرنے لگی۔ اضلاع کی بسوں میں کرایہ

کی شرح فی میل ایک آنہ کے حساب سے مقرر تھی لیکن حیدرآباد تا نلگنڈہ سیکشن اور نارکٹ پلی ڈپو کی الحاقی سرویسوں میں کرایہ کی شرح ہر مسافر کیلئے فی میل صرف نصف آنہ تھی۔ مسافروں کو فی کس دس سیر تک وزنی سامان ہمراہ رکھنے کی اجازت دی گئی۔ زائد وزن کے سامان کا کرایہ نہایت معمولی رکھا گیا جس کی شرح مابین حیدرآباد و نلگنڈہ، بھوں گیر و نلگنڈہ۔ نارکٹ پلی، سوریاپیٹ، سوریاپیٹ و کھمم میٹ فی من صرف ۸ آنے رکھی گئی۔ اس طرح پبلک کے لئے یہ ممکن ہوا کہ حیدرآباد سے صبح کے وقت (پہلی بس ۸ بجے) نلگنڈہ جا کر اسی دن سرشام بلدہ واپس پہونچ جائیں۔

ان سرویسوں کے ذریعہ سے وقت میں جس قدر کفایت اور سفر میں آرام ملنے لگا اس کو ملحوظ رکھ کر بعض حلقوں کے کرایہ کی موجودہ شرح میں کوئی حفیف سے اضافہ نہیں کیا گیا کیونکہ اس وقت متعدد اجازت یافتہ سرویسوں سے سخت مقابلہ کی بناء پر کرایہ کی شرح قلیل رکھی گئی۔

بسیں، سیلون کے نمونوں پر تیار کی گئیں جن میں آرام دہ نشستیں تھیں اور ان کا رخ سامنے کی جانب تھا۔ ہر ایک گاڑی میں درجہ اول کی بھی چند نشستیں قائم کی گئیں جن کا کرایہ درجہ سوم سے دگنا رکھا گیا۔ کسی حادثہ کے موقع پر مسافروں کے لئے ایک احتیاطی دروازہ بھی موجود تھا۔ ہر ایک گاڑی کے ساتھ دو زائد ٹائر اور پہیئے مہیا رہتے جس کے باعث کسی شگاف یا ٹائیر کی تبدیلی پر چنداں تاخیر نہیں ہوتی۔ کسی شکستگی کے موقع پر یہ انتظام رہتا کہ فوراً اسپیشل گاڑیاں بھیج کر مسافروں کو منزل مقصود تک پہونچایا جاتا۔ غرض کہ حتی الامکان حوادث سے پبلک کی

حفاظت کا ہر طریقے پر خیال رکھا گیا۔ گاڑیوں کی رفتار کا پیمانہ ایک خاص حد پر رکھا گیا تاکہ سرویس باقاعدہ جاری اور محفوظ رہے۔ مضافاتی گاڑیاں جو حیدرآباد اور سکندرآباد کے رقبتوں پر مشتمل تھیں۔ مذکورہ ہر دو مقاموں کے مابین ڈاک بھی پہونچاتی تھیں۔ جس کے باعث حیدرآباد اور سکندرآباد کی مقامی پبلک کو خطوط کی تقسیم زیادہ عجلت کے ساتھ ہونے لگی۔ کاچی گوڑہ میں سرویسوں کی ورکشاپ میں جو مشنری اور آلات مہیا کئے گئے ان کی نظیر۔۔۔ اصفی میں کوئی موٹر ورکشاپ پیش نہیں کر سکتی تھی۔ کلکتہ، بمبئ وغیرہ شہروں کے موٹر خانوں کے مقابلہ میں یہ زیادہ اپ ٹوڈیٹ تھے۔ مرمت کے کام میں پائیداری کی غرض سے ہر قسم کی تیاریاں کی گئیں اور اس طرح محفوظ گاڑیوں سے سفر کرنے سے پبلک کو بہت کچھ فائدہ حاصل ہوا۔ سڑکوں پر مرمت کے دوران میں پبلک کو تاخیر کے باعث جو تکلیف برداشت کرنی پڑتی تھی وہ ان ریلوے بس سرویسوں کے افتتاح کے بعد رفع ہوگئی۔ پبلک کی جانب سے سرویسوں کے متعلقاصلاحی تجاویز پر ہمدردانہ حیثیت سے غور کیا جاتا تھا۔

شہر حیدرآباد میں جن مقامات پر بس سرویس جاری کی گئی اعلانات اس طرح کئے گئے۔

سردست حسب ذیل مقامات پر ریلوے موٹر بس جاری ہے۔

حیدرآباد۔ سکندرآباد

(۱حیدرآباد (کاچی گوڑہ) ریلوے اسٹیشن براہ رزیڈنسی تا سکندرآباد

(۲ سکندرآباد براہ دارالضرب (منٹ) روڈ۔ نام پلی اسٹیشن۔ رزیڈنسی۔ گلزار حوض، افضل گنج تا کاچی گوڑہ

(۳) کاچی گوره براہ رزیڈنسی۔ گلزار حوض۔ ملک پیٹ تا کاچی گوڑہ

(۴) کاچی گوڑہ براہ رزیڈنسی۔ نامپلی اسٹیشن۔ فینانس آفس روڈ۔ رزیڈنسی۔ گلزار حوض۔ ملک پیٹ تا کاچی گورہ اسٹیشن۔ از حیدرآباد (کاچی گوڑہ) اسٹیشن

تا نلگنڈہ براہ نارکٹ پلی	۳ گھنٹے
تا بھوں گیر براہ نارکٹ پلی	۴ گھنٹے
تا سوریاپیٹ براہ نارکٹ پلی	۴٫۵ گھنٹے
تا کھمم میٹ براہ نارکٹ پلی	۷ گھنٹے ۲۰ منٹ

اوقات روانگی از کاچی گوڑہ

صبح ۸ بجے، ۹ بجے۔ سہ پہر ۳ بجے اور ساڑھے پانچ بجے۔

سوریاپیٹ جانے والے مسافر ۹ بجے والی بس سے سفر کرسکتے مگر نارکٹ پلی میں انھیں دوسری بس میں منتقل کر دیا جاتا۔ شادی، پکنک پارٹی وغیرہ کے واسطے پوری بس (۴۸) گھنٹے پیشتر نوٹس بھیجنے پر ریزرو کی جاتی تھی۔ اس کے متعلق ڈسٹرکٹ ٹریفک سپرنٹنڈنٹ روڈ، این ایس ریلوے سکندرآباد سے خط و کتابت کی جاتی تھی۔

حیدرآباد شہر میں کرایہ موٹر بس سرویس کی شرح اس طرح رہی۔

گلزار حوض سے سکندرآباد اسٹیشن براہ بشیر باغ	۵ آنے
افضل گنج سے سکندرآباد اسٹیشن براہ نام پلی	۴ آنے

نامپلی سے سکندرآباد اسٹیشن ۳ آنے اور اضلاع میں قاضی پیٹ تا ورنگل اسٹیشن ۶ آنے، سوریہ پیٹ تا کھمم میٹھ ایک روپیہ ۶ آنے۔ بھوں گیر تا نلگنڈہ ایک

روپیہ ٦ آنے۔ کاماریڈی۔ بنجا پلی نظام آباد میں کاماریڈی تا دیوان پلی، کتا گوڑہ ٦ آنے۔ نظام اباد تا نگرم، ملارم، ٦ آنے۔ نظام آباد تا چنتہ کنٹہ ١٢ آنے۔ نظام آباد تا موسر ١٢ آنے، قاضی پیٹ تا دھرم ورم ١٢ آنے۔ نظام آباد تا برسا پلی ٦ آنے۔ نظام آباد تا جنکم پیٹھ۔ پوچارم ٦ آنے۔ نظام آباد تا بودھن ایک روپیہ ٢ آنے۔

مملکت آصفیہ میں ان تمام مذکورہ بالا انتظامی کاروبار کی نمایاں کامیابی کا سہرا آنریبل نواب سرحد رنواز جنگ بہادر صدر اعظم باب حکومت سرکاری عالی کے سر ہے کہ آپ نے اپنے بڑھتے ہوئے جوش و خروش کے ساتھ سر رشتہ ہذا کی وسعت کی کوششوں سے ملک و مالک کی خدمت میں کوئی کسر اٹھا نہیں رکھی تھی۔

***

۷

تیر و تفنگ قانونی، سیاسی، ادبی، شخصی مضامین اور افسانے

سعید حسین

دُعا ہے کہ سلامت رہے تیری ہمت
یہ ایک چراغ کئی آندھیوں پہ بھاری ہے

سینئر ایڈوکیٹ عثمان شہید حیدر آباد اور حیدر آبادیوں کے لئے کوئی تعارف کے محتاج نہیں ہے۔ اب تک آپ کی انگریزی زبان میں ۳ کتابیں شائع ہو چکی ہیں زبان اردو میں "شمشیر وسناں"، "تیر و تفنگ" اور "سنگ و خشت" شائع ہو کر مقبول ہو چکی ہیں۔ اس کے علاوہ اردو زبان میں "قانونی مشورے" کے نام سے ایک کتاب اور شائع ہو چکی ہے جو اخبار "سیاست" میں شائع شدہ سوال وجواب پر مشتمل ہے۔

مصنف کی پہلی کتاب شمشیر وسناں ہندوستان میں مسلم جد وجہد کی دستاویز پر مشتمل ہے۔ مذکورہ کتاب پر میرے عزیز دوست محمد مجاہد سید حال مقیم جدہ میں

صحافی کی حیثیت سے انگریزی روزنامہ "عرب نیوز" و "سعودی گزٹ"، جدہ، سعودی عربیہ میں خدمات انجام دے رہے ہیں۔ پچھلے تینذ ہوں سے جدہ میں مقیم ہیں۔ آپ کا تعلق لکھنؤ سے ہے۔ لیکن ان کا حلقہ احباب زیادہ تر حیدرآبادی ہیں۔ پچھلے دودھوں سے راقم بھی ان کی صحبت بابرکت سے فیضیاب ہو رہا ہے۔

مصلح الدین سعدی مرحوم ابن حضرت معزالدین ملتانی، نائب صدر اقبال اکیڈمی اور تعمیر ملت محمد ضیاء الدین نیرّ، ڈاکٹر عابد معز، نعیم الدین شریف، محمد باقر سابقہ صدر اکنامک فورم آف انڈیا ایوب علی خان وغیرہ وغیرہ آپ کے اہم دوستوں میں شامل ہیں۔ آپ کی کئی کتابیں نثری اور شعری مجموعے شائع ہو چکے ہیں جن میں دو شعری مجموعہ "جنات" اور "حرف معتبر" بہت مقبول ہوئے ہیں۔

فاضل مصنف "تیر و تفنگ" محمد عثمان شہید صاحب عمرہ کی غرض سے جدہ تشریف لائے تھے، آپ کی تہنیت کے سلسلہ میں ایک جلسہ کا انعقاد عمل میں آیا تھا۔ راقم بھی اُس جلسہ میں شریک تھا۔ اُس وقت عثمان شہید نے اپنی کتاب "شمشیر وسناں" مجاہد سید کو تحفہ میں دی تھی۔ مذکورہ کتاب پر تبصرہ لکھ کر محمد مجاہد سید نے جدہ سے شائع ہونے والا روزنامہ اردو نیوز میں شائع کیا تھا۔ وہی تبصرہ فاضل مصنف نے اپنی کتاب "تیر و تفنگ" میں شامل کیا ہے۔ جس میں مجاہد سید، فاضل مصنف کے تعلق سے یوں رقمطراز ہیں۔ "ہندوستان میں مسلم جدوجہد کی دستاویز "شمشیر و سناں" مضامین کا انداز تحریر ادبی ہے۔ جو نہ صرف ایک قانون داں بلکہ نفیس ادبی ذوق کے حامل دردمند مسلمان عثمان شہید نے تحریر کیا ہے۔ شمشیر وسناں اس لئے اسم بامسمی ہے اس مجموعہ مضامین میں نشتر کی کاٹ اور ادبی لطافت موجود ہے۔

بصیرت اس کی دوسری صفت ہے جو مضامین کے مطالعہ کا حاصل ہے۔ کیونکہ یہ مضامین نہ صرف ایک قانون داں بلکہ نفیس ادبی ذوق کے حامل ایک درد مند مسلمان نے تحریر کئے ہیں۔ یوں تو "شمشیر وسناں" سیاسی قانونی اور اصلاحی مضامین پر مبنی ہے لیکن اس کا انداز تحریر ادبی ہے۔"

فاضل مصنف کی ایک اور اہم کتاب قانونی مشورے، اخبار "سیاست" میں شائع شدہ سوال و جواب پر مشتمل دستاویز ہے۔ اس پر تبصرہ کرتے ہوئے پروفیسر محمد عبدالرزاق فاروقی سابقہ صدر شعبہ اردو، گلبرگہ یونیورسٹی رقمطراز ہیں۔ "ایک اچھا شہری وہ ہوتا ہے جو اپنے ملک کے قانون کا احترام کرے اس کا وفادار رہے اور اس کا پاسبان بھی۔ روزنامہ "سیاست" کے ایڈیٹر جناب زاہد علی خان نے یہ ذمہ داری حیدرآباد کے ایک ممتاز ماہر قانون اور قومی جذبہ رکھنے والی شخصیت محمد عثمان شہید کے سپرد کی ہے۔ عثمان شہید نہ صرف ایک قانون داں ہیں بلکہ وہ ایک صاحب طرز ادیب اور انشاء پرداز بھی ہیں۔ قومی مسائل، خاص طور پر ناانصافیوں کے خلاف ان کے مضامین "ضرب کلیمی" کا اثر رکھتے ہیں۔ یہ شاعر نہیں ہیں لیکن ان کی نثر نگاری میں شاعری کا حسن و جمال نظر آتا ہے۔ بے باکی ان کا طرز حیات ہے اور صداقت شعاری ان کا مقصد حیات ہے۔ انہوں نے اپنے متعدد مضامین میں جس بے باکی، خلوص اور قومی شعور کا اظہار کیا ہے وہ ان کی شخصیت کی پہچان ہے۔" فاضل مصنف کی بے باکی کے لئے یہ شعر پیش کرنا چاہتا ہوں۔

اصولوں پر اگر آنچ آئے تو ٹکرانا ضروری ہے
جو زندہ ہوں تو، پھر زندہ نظر آنا ضروری ہے

پروفیسر عبدالرزاق فاروقی کسی تعارف کے محتاج نہیں آپ کی سرپرستی اور رہنمائی میں بے شمار طلباء و طالبات نے پی ایچ ڈی کی ہے جن میں آپ کا ایک شاگرد ڈاکٹر زاہد عرفان تماپوری نے آپ کی سرپرستی میں "نواب محمد بہادر یار جنگؒ کے فن خطابت پر مقالہ لکھ کر اپنی پی ایچ ڈی کی سند حاصل کی ہے۔ڈاکٹر زاہد عرفان تماپوری تعمیر ملت کے سابق صدر غوث خاموشی کے داماد ہوتے ہیں۔ موصوف سے میری شخصی ملاقات ہے۔ "ممتاز صحافی جناب زاہد علی خانصاحب مصنف کی کتاب "شمشیر و سناں " کے تعلق سے رقمطراز ہیں۔۔ "شمشیر و سناں میں شامل تمام مضامین سیاست میں شائع ہو چکے ہیں اور قارئین "سیاست" کی نظروں میں توقیر حاصل کر چکے ہیں" مصنف کی کتاب "شمشیر وسناں" کے تعلق سے عزیز آصف علی ایم اے ایس اے ایس ریٹائرڈ انچارج ڈپٹی کمشنر حکومت اے پی راقمطراز ہیں۔

"محمد عثمان شہید بہترین ادیب اور منفرد لب ولہجہ کی شخصیت کے حامل انسان ہیں۔ محمد عثمان شہید شہر حیدرآباد کے ممتاز و مقبول ایڈوکیٹ ہیں وہ آندھراپردیش ہائی کورٹ میں ایڈیشنل پبلک پراسیکیوٹر کے اعلیٰ عہدہ پر فائز ہیں اور ممبر آندھرا پردیش لیگلا تھاریٹی کے اعزاز کے بھی حامل ہیں۔ وہ سائنس کے گریجویٹ اور قانون کے پوسٹ گریجویٹ ہیں۔ وسعت علم و تجربہ و دانشوری کی بنیاد پر وہ ڈاکٹریٹ کی اعزازی ڈگری کے بلاتعمل مستحق ہیں۔ عثمان شہید نے سابق صدر جمہوریہ کے نام دو جامع وبسیط کھلے خطوط لکھے ہیں۔ جو موقر روزنامہ "سیاست" میں شائع ہو چکے ہیں۔ یہ خطوط موصوف کی دلیری، بے باکی، مواخذہ اور اعلیٰ قلم کاری کا نمونہ ہیں ان خطوط میں انہوں نے ملک کے مفادات پر مختلف نوعیت کے حساس و

نازک مسائل، مشکلات و بے قاعدگیوں پر زور دیا ہے۔ ادیب کی حیثیت سے عثمان شہید ایک باشعور نثر نگار ہیں اور اعلی ادیبانہ صلاحیتوں سے متصف ہیں۔ ناانصافی اور ظلم کے خلاف بڑی جرأت اور بے باکی سے لکھتے ہیں۔" سابق ممتاز سینئر جج ای اسمٰعیل یوں رقمطراز ہیں۔ عثمان شہید کی ایک اور کتاب "ہبہ" کا حوالہ دیتے ہوئے ای اسمٰعیل نے کہا کہ یہ کتاب بھی اپنی افادیت اور اہمیت رکھتی ہے۔ عثمان شہید کی کتابوں سے وراثت، شادی بیاہ، ترکہ، طلاق اور اپنے کئی معاشرتی مسائل پر روشنی پڑتی ہے۔

ممتاز ادیب ماہر قانون ضیاء الحق ایڈوکیٹ اور معزز سابق جج اے پی ہائی کورٹ محترم بلال نازکی کے علاوہ پروفیسر احمد اللہ خاں کے جی کنابیرن ایڈوکیٹ اس کتاب کا تنقیدی جائزہ لینے کے بعد کہتے ہیں، ہم یہ لکھنے میں حق بجانب ہیں کہ آج تک قانون ہبہ پر ایسی مسبوط کتاب نہیں لکھی گئی ہے اور اس قانون کی ایسی تفصیلی تشریح (سینکڑوں فیصلوں کے حوالے کے ساتھ) کسی نے بھی نہیں کی ہے۔ اس کتاب میں ہبہ کی تعریف اور اس قانون کے مختلف پہلوؤں پر تفصیلی روشنی ڈالی گئی ہے۔ جس کی روشنی میں قانون ہبہ کو جائز اور قابل عمل قرار دیتے ہوئے تمام عدالتوں نے متفقہ طور پر تسلیم کیا ہے کہ ایک مسلمان اپنی مملوکہ وہ مقبوضہ منقولہ و غیر منقولہ جائیداد کو ذریعہ ہبہ (زبانی) کسی بھی فرد یا ادارہ کے حق میں منتقل کر سکتا ہے۔ اس کے لئے نہ کسی دستاویز کی ضرورت ہے نہ رجسٹر شدہ مقالہ کی۔ ہمیں فخر ہے کہ حیدرآباد کے ایک سپوت نے یہ عظیم کارنامہ انجام دیا۔" مصنف کی کتاب "تیر و تفنگ" پر تبصرہ سے پہلے مصنف کا مکمل تعارف اور عوام میں آپ کی شخصیت

اور مقبولیت کا تعارف ضروری ہے۔ یوں تو مصنف کسی تعارف کے محتاج نہیں ہیں لیکن میں اپنا یہ فرض سمجھ کر دانشوران ملت، ماہر قانون حضرات کی نظر میں آپ کی عزت اور توقیر کیا ہے اسی لئے میں نے پچھلی کتب پر تبصروں کا حوالہ دیا ہے۔

فکر و خیال، تجربے یا مشاہدے کے نتیجے میں جو چیز ظہور پذیر ہوتی ہے، وہ بہر حال اس شخص کی معنوی اولاد ہوتی ہے، جس کے تفکر، تخیل، تجربے اور مشاہدے نے اسے وجود بخشا۔ اسی چیز کو شعر و نقد کی زبان میں تخلیق سے تعبیر کیا جاتا ہے۔ یہ تخلیق اپنے خالق کو بالکل اسی طرح محبوب و عزیز ہوتی ہے، جس طرح کہ اُس کے سلب سے جنم لینے والی اولاد محبوب اور عزیز ہوتیے۔ کوئی بچہ خواہ شکل و صورت کا کیسا ہی کیوں نہ ہو، اپنے ماں باپ کی نگاہ میں بے حد حسین و محبوب ہوتا ہے۔ وہ اپنے بچے کے بارے میں ایک لفظ بھی سننے کے روادار نہیں ہوتے۔ وہ ہر ملنے جلنے اور آنے جانے والے کے سامنے اپنے لخت جگر کے حسن و خوبی کے گن گانا ضروری سمجھتے ہیں۔ جب کوئی ان کے بچے کی کسی ادا کی تعریف و تحسین کر دیتا ہے تو وہ خوش ہو جاتے ہیں اور اسے اپنا دوست و بہی خواہ تصور کرنے لگتے ہیں۔ یہ بہر حال ایک فطری بات ہے۔ یہ ایک ایسی حقیقت ہے، جو ہمارے اور آپ کے مشاہدے میں آئے دن آتی رہتی ہے۔ اس کے لئے کسی دلیل یا برہان کی ضرورت نہیں ہے۔

بچے کی ولادت کے وقت ماں جس کرب، اضطراب، دکھ اور تکالیف و شدائد سے دوچار ہوتی ہے، اس کا احساس صرف اسی عورت کو ہو سکتا ہے، جسے خود ان حالات سے دوچار ہونا پڑا ہو۔ کسی کنواری یا بانجھ عورت کو قطعی نہیں ہو سکتا۔ لیکن اس لذت و مسرت کو بھی صرف ماں ہی محسوس کر سکتی ہے، جو ولادت کے وقت کی

تکلیف اور شدت اضطراب میں پوشیدہ ہوتی ہے۔ ایک شاعر یا ادیب اپنے فن پارے کو بالکل اسی طرح محبوب و عزیز رکھتا ہے، جس طرح کہ ماں اپنی حقیقی اولاد کو عزیز و محبوب رکھتی ہے۔ وہ اس کی تعریف و تحسین پر جھوم اٹھتا ہے۔ فاضل مصنف کے لئے میں یہاں یہ شعری پیش کرنا چاہتا ہوں۔

اردو کی ترقی و ترویج میں اخبار "سیاست" کا حصہ

اردو کی مانگ سے "دہلی کی افشاں" اس کی جبیں سے "لکھنؤ کا ٹیکہ" اس کے ہاتھوں سے "بہار کی مہندی" اس کی کلائیوں سے "بنگال کی چوڑیاں" اس کے لبوں سے "بھوپال کی سرخی" اس کے بدن سے "حیدرآباد کا حسین پیرہن" غرض سب کچھ نوچ لیا گیا تھا۔ اس نے بالآخر ایک "بیوہ" کی طرح دکن کے ویرانوں میں پناہ لی۔

ان لمحات میں "سیاست" نے مادر مہربان اردو کی جس انداز میں پذیرائی کی اس کی سرپرستی کی، اس کے جسم ناتواں میں نئی روح پھونکی۔ اس کے شجر بے برگ و بار کو سرسبز و شاداب کیا، جس طرح اس کی دوبارہ شیرازہ بندی کی۔ اس کے بھیگے ہوئے پروں کو دوبارہ پرواز کرنے کی صلاحیت عطا کی وہ تاریخ ادب اردو کا روشن باب بن گئی۔

ایک طرف ریاستوں کی لسانی بنیادوں پر تشکیل، دوسری طرح اردو کی مستحقہ مقام سے محرومی، تیسری طرف آندھرا پردیش کے قیام کے بعد اس ریاست میں اردو کے ساتھ ناانصافی، یہ وہ حالات تھے جبکہ ۱۹۵۸ء میں انجمن ترقی اردو آندھرا پردیش نے ایک کانفرنس منعقد کی اس کانفرنس میں اس وقت کے چیف منسٹر مسٹر ڈی سنجیویا نے اردو کے بارے میں سرکاری اعلانات کرتے ہوئے اس کو ریاست کی

دوسری سرکاری زبان کا درجہ دینے کا اعلان کیا۔ ایک سرکاری زبان قانون مدون کیا گیا جو ملک بھر میں اپنی نوعیت کا واحد قانون تھا۔ ایسے قانون کی تدوین اور اردو کو دوسری سرکاری زبان کا درجہ دلانے میں ادارہ سیاست اور اس کے بانی محترم عابد علی خاں مرحوم نے جو مساعی کی وہ ناقابل فراموش ہے۔ مذہب اسلام اور جشن آزادی کے تعلق سے فاضل مصنف نے مختلف کتابوں اور مختلف ممالک میں آزادانہ جنسی اختلاط کی وجہ سے معاشرہ میں جو غلاظت پنپ رہی ہے، اس پر تفصیل سے بحث کی گئی ہے۔ کتاب کا آخری باب افسانے کے عنوان سے ہے جس میں ٦ مضامین شامل ہیں جن میں دلہن، پاشاہ، پھسلن، ترقی، ساسوماں کے عنوان سے مضامین لکھے گئے ہیں۔

ان مضامین میں " پھسلن " کے عنوان سے ایک مضمون حقیقت پر مبنی اور بڑا سبق آموز ہے کہ کس طرح ایک شریف خاندان کا فرد عورت کے حسن و جمال کے فریب میں آکر اس کے حسن سے متاثر ہو کر اس سے جنسی تعلق قائم کرتا ہے جو ایک ایڈز کی مریضہ ہے اور وہ اس بیماری کا زہر سماج کے آوارہ مزاج مردوں میں منتقل کر رہی ہے اور اس مضمون کا اختتام کچھ اس طرح ہے۔ "میں زور زور سے چیخیں مار کر روتا ہوں اور اپنا سر پتھر سے ٹکراتا ہوں، لہولہان ہو جاتا ہوں۔ اپنی بیوی کی موہنی صورت یاد کر کے اپنی گڑیا سی بیٹی کو یاد کر کے اپنے پیارے بیٹے کو یاد کر کے لیکن میں کیا کروں۔ ان کے پاس کیسے لوٹ کر جاؤں، کیسے اس اُجڑے دیار کو آباد کروں، میں ایڈز کا مریض ہوں۔"

ادیب کی حیثیت سے عثمان شہید ایک باشعور نثر نگار ہیں اور اعلیٰ ادیبانہ

صلاحیتوں سے متصف ہیں۔ ناانصافی اور ظلم کے خلاف لکھتے ہیں۔ ان کے مضامین فکر انگریز اور ترقی پسندانہ ہیں۔ ان کی نگارشات کو قاری فہم وادراک سے پڑھنے پر مجبور ہے۔ ان کے مضامین علمی، فکری، سیاسی، مذہبی، اخلاقی اور اصلاحی امور و موضوعات پر مبنی ہیں۔ تحریروں میں عوام کے مفاد کا تحفظ ہے۔ زبان جذباتی، شیریں اور جاندار ہوتی ہے۔ ان کے قلم میں جادو اور اسلوب میں عجیب طاقت ہے۔ تحریروں میں بے خوفی حیرت انگیز ہے۔ انسان کے داخلی جذبات اور ملک و قوم کی زبوں حالی سے بخوبی واقف ہیں۔ فن اور موضوع کا امتزاج بڑی خوبی سے کرتے ہیں۔ نگارشات میں بعض اوقات جذباتیت اور سنجیدگی کی ایسی آمیزش ملتی ہے کہ پڑھنے والا نہ صرف محظوظ ہوتا ہے بلکہ مسئلہ کی اہمیت سے متفکر بھی ہوجاتا ہے ان کے مضامین اور نگارشات زیادہ تر موقر روزنامہ سیاست کے صفحات کی زینت بن چکے ہیں۔ مسائل کو فن کارانہ اور عالمانہ قوت سے پیش کرتے ہیں۔ وہ زندگی کے گہرے ثقافتی شعور کے حامل ہیں۔ دنیائے ادب میں وہی شخص معزز و ممتاز ہوسکتا ہے جس میں اعلیٰ تخلیقی استعداد اور سلیقہ موجود ہو۔ وہ ملک کی تاریخ میں اردو کی عظمت اور وقار کا تحفظ کر رہے ہیں۔ اردو ہر دور میں اتحاد واشتراک کی علامت بن رہی ہے۔ اور اس نے انسان دوستی کی طرف کھینچنے کا پرزور وسیلہ کا کام بھی کیا ہے۔ قانونی امور میں ڈوبے رہنے کے باوجود عثمان شہید علم وادب کے لئے وقت ضرور نکال لیتے ہیں۔

آخر میں اردو کے قارئین سے گذارش کرتا ہوں کہ فاضل مصنف کی کتاب "تیر و تفنگ" کا مطالعہ کریں اور اپنے ذوق کی تسکین اور معلومات میں اضافہ کریں۔

مذکورہ کتاب حسامی بک ڈپو اور ہدی بک ڈپو سے حاصل کی جاسکتی ہے یا پھر مصنف کا آفس رحمن پلازا، عقب تاج محل ہوٹل عابڈس سے حاصل کی جاسکتی ہے۔

***

۸

رواں صدی کا مجاہدِ اردو: محمد جلیل پاشاہ

محمد عارف الدین احمد

گزشتہ صدی میں جہاں سر سید احمد خان نے تعلیم کو عام کرنے اور خصوصاً خواتین کو بھی زیورِ تعلیم سے آراستہ کرنے اور عوام میں خود شناسی اور خود اعتمادی کے احساس کو بیدار کرنے کی کوشش کی وہیں زبانِ اردو کو پروان چڑھانے کی مسلسل جدوجہد کرتے ہوئے علیگڑھ مسلم یونیورسٹی کے قیام میں بھی اپنی صلاحیتوں اور جہد مسلسل کا بھرپور مظاہرہ کیا اور بالآخر علیگڑھ مسلم یونیورسٹی کے قیام کو یقینی بنا کر ہی چین کی سانس لی۔

بالکل اسی طرح موجودہ صدی میں ایک اور مجاہد اردو نے اردو کی ترقی، ترویج اور اردو ذریعہ تعلیم کو عام کرنے اور خصوصاً طالبات کو بھی اردو ذریعہ تعلیم کی طرف راغب کرنے میں بیش بہا خدمات انجام دیں۔ حالیہ صدی میں اس مجاہدِ اردو نے جو کارنامے انجام دیئے اس کا تفصیلی جائزہ لیا جائے تو اندازہ ہو گا کہ موجودہ نصف صدی میں اردو سے بے اعتنائی اور مخالفت کے باوجود تن تنہا شخص نے جو کارہائے نمایاں انجام دیئے وہ بیسویں صدی کی اردو تاریخ میں رقم کئے جائیں گے۔

محمد جلیل پاشاہ کی اردو زبان سے دلچسپی، تعلیمی خدمات اور کارناموں کا تفصیلی جائزہ لیں تو یقیناً ان کی گرانقدر خدمات کے پس منظر میں موجودہ صدی کے سر سید احمد خان کی حیثیت سے ان کا نام ضرور یاد رکھا جائے گا۔ سب سے اہم اور قابل ذکر بات یہ ہے کہ محمد جلیل پاشاہ تلگو میڈیم کے طالب علم تھے اور اردو زبان و ادب سے نابلد تھے۔ اس کے باوجود اردو سے ان کی بے پناہ محبت اور اردو خدمات کا جذبہ مثالی ہے۔

جلیل پاشاہ ۱۴ نومبر ۱۹۴۸ء کو موضع ویلمڈی، ضلع ورنگل میں پیدا ہوئے اور یہیں تلگو ذریعہ تعلیم سے سے ابتدائی تعلیم حاصل کی۔ ۱۹۶۸ء میں گورنمنٹ جونیئر کالج، بازار گھاٹ میں پی یو سی تک تعلیم حاصل کی اور انوارالعلوم ڈگری کالج، ملے پلی میں بی اے کی تکمیل کی۔ انہوں نے اپنی رہنمایانہ صلاحیتوں کی بدولت انوارالعلوم ڈگری کالج ملے پلی میں دو مرتبہ اسٹوڈنٹس یونین کے ۱۹۷۲ء سے ۱۹۷۴ء تک صدر منتخب ہوئے اور اسٹوڈنٹس لیڈر کی حیثیت سے مقبولیت حاصل کی۔ مولانا سید خلیل اللہ حسینی صدر تعمیر ملت اور پرنسپل انوارالعلوم کالج کی رہنمائی میں ۱۹۸۳ء میں کل ہند اردو تعلیمی کمیٹی کا قیام عمل میں لایا گیا جس کے وہ تاحیات صدر برقرار رہے۔ ۱۹۶۹ء میں تلنگانہ ودھیارتی سمیتی (T.V.S) کے صدر منتخب کئے گئے۔ علحدہ تلنگانہ تحریک جسے ڈاکٹر ایم چناریڈی نے شروع کی تھی، اس تحریک میں محمد جلیل پاشاہ نے نمایاں حصہ لیا اور اپنی بے باکانہ سرگرمیوں کی بناء پر ریاست میں مقبولیت حاصل کی۔ اس تحریک کے سلسلے میں انہیں (۲۲) مرتبہ جیل بھیجا گیا اور وشاکھاپٹنم کے جیل میں رکھا گیا۔

۱۹۷۷ء میں کانگریس کی طلباء تنظیم نیشنل اسٹوڈنٹس یونین (NSUI) کے ریاستی صدر منتخب ہوئے اور انہیں قومی کونسل برائے فروغ اردو زبان (دہلی) کارکن بھی نامزد کیا گیا۔

ان کے کارناموں اور نمائندگیوں کا احاطہ کیا جائے تو اندازہ ہوگا کہ انہوں نے اپنی مؤثر نمائندگیوں کے ذریعہ بہت سے مطالبات کو حکومتوں سے منظوری دلائی۔

امام الہند مولانا ابوالکلام آزاد کی پیدائش ۱۱ نومبر کو "یوم قومی تعلیم" کی حکومت ہند سے منظوری دلوائی۔ انہوں نے دہلی اور حیدرآباد میں جملہ (۳۷) کل ہند کانفرنس کا انعقاد عمل میں لایا۔

محمد جلیل پاشاہ نے اپنی بھرپور نمائندگیوں کے ذریعہ مہاتما گاندھی گورنمنٹ گرلز ہائی اسکول، گورنمنٹ جونیئر کالج فار گرلز (ناملی) اردو، تلگو اور انگلش میڈیم میں قائم کروائے۔ اس کے علاوہ (M.A.M) مولانا آزاد میموریل ماڈل جونیئر کالج فار گرلز (اردو میڈیم) اندرا پریہ درشنی گورنمنٹ ڈگری اینڈ پی جی کالج ناملی کا قیام عمل میں لایا۔

۱۹۹۰ء میں چیف منسٹر ایم چنا ریڈی نے بارہویں کل ہند اردو کانفرنس کے موقع پر جوبلی ہال میں محمد جلیل پاشاہ کیلئے اے پی، اردو اکیڈیمی کے صدر کے عہدہ کا اعلان کیا اور وہ ۱۹۹۰ء تا ۱۹۹۲ء اردو اکیڈیمی کے صدر نشین کی حیثیت سے عہدہ پر فائز رہے۔ ۲۰۰۹ء میں صدر نشین اردو اکیڈیمی مولانا رحیم الدین انصاری کے دور میں انہیں فروغِ اردو کیلئے کارنامہ حیات ایوارڈ سے نوازا گیا۔

جلیل پاشاہ نے ۱۹۸۳ء میں حلقہ یاقوت پورہ سے کانگریس کے ٹکٹ پر اسمبلی

انتخابات میں بھی حصہ لیا۔ اردو اکیڈیمی اے پی کے چیر مین شپ کی میعاد میں ورنگل میں اردو بھون کا قیام عمل میں لایا۔ اس کی افتتاحی تقریب میں ریاستی وزراء ڈاکٹر پی وی رنگاراؤ (ریاستی وزیر تعلیم) نرسمہا ریڈی وزیر بلدی نظم و نسق، میونسپل چیر مین پرساد راجو (ورنگل) نے شرکت کی۔ اس تقریب کے انعقاد میں ڈاکٹر انیس صدیقی (ہنمکنڈہ) نے بھرپور معاونت کی۔

جلیل پاشاہ نے اردو تعلیمی خدمات کے علاوہ اردو زبان و ادب کی ترویج و اشاعت کے سلسلے میں راج بھون، جوبلی ہال اور ناملی گرلز جونیئر کالج میں اردو مشاعروں کا انعقاد بھی عمل میں لایا جس میں حیدراباد کے ممتاز شعراء کرام مسرز سعید شہیدی، صلاح الدین نیر، رئیس اختر، شفیع اقبال، مومن خاں شوق، اثر غوری اور دیگر شعراء کو مدعو کیا۔ ڈاکٹر منموہن سنگھ جس وقت وزیر فینانس تھے، ان کی حیدراباد آمد پر خصوصی شعری نشست کا انعقاد عمل میں لاتے ہوئے ممتاز شعراء مسرز صلاح الدین نیر، رئیس اختر، شفیع اقبال اور دیگر شعراء کو مدعو کیا۔

جلیل پاشاہ اس قدر حوصلہ مند اور بیباک انسان تھے کہ انہوں نے وزیر اعظم ہو کہ دیگر وزراء اور قائدین کسی سے بھی ملاقات کرنے اور ان کے سامنے اپنی تجاویز پیش کرنے میں کبھی بھی جھجھک محسوس نہیں کی۔

اُن کے مشیر ان اور معاونین میں ڈاکٹر حسن الدین احمد آئی اے ایس، ڈی رویندر رانائک سابق وزیر، ڈاکٹر سی نارائن ریڈی، سابق ایم پی، محمود بن محمد، آئی پی ایس، ایس کے افضل الدین، جنرل سکریٹری، پردیش کانگریس کمیٹی، محمد فصیح الدین مرحوم اسٹوڈنٹس یونین لیڈر، ڈاکٹر سید علی، سی وینکٹ راؤ، کے ایم عارف

الدین مدینہ ایجوکیشن سنٹر، نورالدین حیدری ایڈوکیٹ، ٹھاکر ہردے سنگھ، ڈاکٹر انیس صدیقی (ہنمکنڈہ)، عارف الدین احمد شامل تھے۔

محمد جلیل پاشاہ کا سب سے بڑا کارنامہ یہ ہے کہ انہوں نے ۱۹۷۲ء میں اردو یونیورسٹی کے قیام کا منصوبہ مرکزی حکومت کو پیش کیا۔ اس وقت کے وزیر اعظم پی وی نرسمہا راؤ سے انہوں نے مؤثر نمائندگی کی اور بالآخر ۱۹۹۶ء میں حیدرآباد میں مولانا آزاد نیشنل یونیورسٹی (MANUU) کا قیام عمل میں آیا۔

مولانا آزاد نیشنل اردو یونیورسٹی کے پہلے وائس چانسلر پروفیسر شمیم جے راجپوری نے بوقت حصول جائزہ جلیل پاشاہ کی اردو تعلیمی خدمات کے سلسلے میں انہیں ڈاکٹریٹ کی اعزازی ڈگری پیش کی لیکن جلیل پاشاہ نے اسے قبول کرنے سے انکار کر دیا۔ اس کے علاوہ مرکزی حکومت نے پدم شری کے اعزاز کی پیشکش بھی کی تھی جسے جلیل پاشاہ نے قبول نہیں کیا۔

بالآخر جلیل پاشاہ طویل علالت کے بعد ۲۵ نومبر ۲۰۱۸ء بروز اتوار، رات ۹٫۳۰ بجے اس دارِ فانی سے کوچ کر گئے۔

۲۸ ڈسمبر بروز جمعہ ۲۰۱۸ء کو "اردو گھر" مغل پورہ میں "تنظیم تحفظ اردو" (تلنگانہ) کے زیر اہتمام منعقدہ جلسہ تعزیت و اعترافِ خدمات بہ عنوان اردو کا جہد کار۔ جلیل پاشاہ" کا صدر نشین تلنگانہ اردو اکیڈیمی مولانا رحیم الدین انصاری کی صدارت میں انعقاد عمل میں آیا۔ عارف الدین احمد صدر تنظیم تحفظ اردو" نے مولانا رحیم الدین انصاری سے پرزور مطالبہ کیا کہ اردو کے جہد کار جناب محمد جلیل پاشاہ مرحوم سے "کارنامۂ حیات ایوارڈ برائے فروغ اردو" موسوم کیا جائے۔

صدر نشین مولانا رحیم الدین انصاری نے خندہ پیشانی کے ساتھ جلیل پاشاہ سے ایوارڈ موسوم کرنے کا اعلان کیا جس پر ہال میں موجود شرکاء نے مسرت کا اظہار کیا۔

اس تعزیتی جلسہ میں جو بحیثیت مہمانانِ خصوصی شہر کی ممتاز شخصیتوں محمد مصطفیٰ علی سروری (مانو) پروفیسر مجید بیدار، ایس کے افضل الدین جنرل سکریٹری پردیش کانگریس کمیٹی، پروفیسر گوپال لینن، ڈاکٹر جاوید کمال، صحافی و شاعر شفیع اقبال، ڈاکٹر ناظم الدین، محترمہ عظمیٰ شاکر، جنرل سکریٹری P.C.C نے محمد جلیل پاشاہ کی خدمات کا اعتراف کرتے ہوئے انہیں خراج عقیدت پیش کیا اور دعائے مغفرت کی۔ اس تقریب کے انعقاد میں جناب سعید احمد (نائب صدر) اور محمد عثمان جنرل سکریٹری نے بھرپور تعاون کیا۔

بہر حال محمد جلیل پاشاہ نے اردو زبان کی ترویج و اشاعت کیلئے ساری زندگی وقف کر دی۔ انہوں نے کبھی دولت کمانے یا عہدے حاصل کرنے کی کوشش نہیں کی اور بے لوث خدمات انجام دیں۔ ان کی بے لوث خدمات کی وجہ سے اردو دنیا انہیں ہمیشہ "مجاہدِ اردو" کے نام سے یاد رکھے گی۔

* * *

۹

ابراہیم جلیس کی افسانہ نگاری اور زرد چہرے

منظور وقار

ابراہیم جلیس ۲۲-۰۹-۱۹۲۳ کو گلبرگہ ضلع کے تعلقہ چنچولی میں پیدا ہوئے، آپ کی ابتدائی تعلیم گلبرگہ میں ہوئی۔ حیدرآباد میں میٹرک پاس کرنے کے بعد ۱۹۴۲ء میں علی گڑھ یونیورسٹی سے گریجویشن کی ڈگری حاصل کرلی۔ اردو ادب اور افسانہ نگاری سے انہیں بچپن سے ہی لگاؤ تھا۔ ان کا پہلا افسانہ "تکونہ دیش" کے عنوان سے ۱۹۴۳ء میں ماہنامہ نگار (لکھنو) میں شائع ہوا۔ اس رسالے کے مدیر اپنے وقت کے بلند پایہ صحافی نیاز فتح پوری تھے۔

بعد ازاں ان کے افسانے ماہنامہ ساقی (پاکستان) کے علاوہ ہند و پاک کے معروف رسائل میں شائع ہونے لگے، ان کے افسانوں کا پہلا مجموعہ "زرد چہرے" کے نام سے ۱۹۴۵ء میں شائع ہوا۔ ابراہیم جلیس کی کوئی ۱۸ تصانیف شائع ہو چکی ہیں، ان کے افسانوی مجموعہ کے عنوانات ہیں، زرد چہرے، تکونا دیس، چور بازار، ترنگے کی چھاؤں میں، کچھ غم دوراں، میں مر نہیں سکتا، آسمان کے باشندے، پاکستان کب بنے گا، افسانوی مجموعوں کے علاوہ ایک ڈراموں کی کتاب "اُجالے سے

پہلے "ایک سفرنامہ "نئی دیوار چین" تین انشائیوں کی تصانیف "سننے تو پھنسے" نیکی کر تھانے جا، شگفتہ شگفتہ ایک مزاحیہ کالموں کا انتخاب "اوپر شیروانی اندر پریشانی" قحط بنگال کے موضوع پر ایک کتاب "بھوکا ہے بنگال" کے علاوہ دور پورتاژ "دوملک ایک کہانی"، "جیل کے دن جیل کی راتیں" شائع ہو چکی ہیں، ان کی جملہ تصانیف میں زرد چہرے، تکونا دیش، چالیس کروڑ بھکاری اور رپورتاژ دوملک ایک ہانی کو بے حد شہرت اور مقبولیت حاصل ہوئی۔ سقوط حیدرآباد کے بعد آپ ۱۹۴۸ء میں پاکستان چلے گئے اور مستقبل طور پر کراچی میں قیام پذیر ہو گئے۔ پاکستان قیام کے دوران روزنامہ امروز (کراچی) میں بہ حیثیت سب ایڈیٹر خدمات انجام دیں۔ ۱۹۵۶ء میں روزنامہ جنگ میں طنزیہ و مزاحیہ کالم نگاری شروع کی۔ علاوہ ازیں روزنامہ حریت اور روزنامہ مساوات سے وابستہ رہے۔ خود اپنا ایک ہفتہ روزہ اخبار "عوامی عدالت" جاری کیا۔ معروف صحافی محبوب حسین جگر عالمی شہرت یافتہ مزاح نگار مجتبیٰ حسین کا شمار ان کے بھائیوں میں ہوتا ہے۔ گلبرگہ کے ممتاز دکنی شاعر سلیمان خطیب اور ممتاز نقاد و خاکہ نگار وہاب عندلیب کا شمار ابراہیم جلیس کے ہم عصر قلمکاروں اور دوستوں میں ہوتا ہے۔ ابراہیم جلیس کا انتقال ۲۶ اکتوبر ۱۹۷۷ء کو پاکستان کے شہر کراچی میں ہوا۔ اس تعارف کے بعد آیئے

ابراہیم جلیس کی افسانہ نگاری اور کتاب زرد چہرے پر روشنی ڈالتے ہیں۔

بحیثیت افسانہ نگار آپ ترقی پسند تحریک سے متاثر ہو کر ملکی انتشار، افراتفری، بیروزگاری، بھوک مایوسی مذہبی جنون کے خلاف نبرد آزما ہوئے۔

بعد ازاں قائد اعظم محمد علی جناح اور قائد ملت قاسم رضوی کی جوشیلی

تقریروں اور جذبہ غیرت اسلامی سے متاثر ہو کر ترقی پسند تحریک سے دور ہو گئے۔ تاہم ان کے افسانوں میں کرشن چندر کی انسان دوستی نظر آتی ہے تو منٹو اور خواجہ احمد عباس کی تندی و تلخی بھی ان کے افسانوں میں زندگی کی تلخیاں جنسی ناآسودگی نفسیاتی کشمکش اور قنوطیت کی جھلکیاں جابہ جا نظر آتی ہیں۔ زبان برجستہ اور رواں ہے طنزیہ جملوں اور مکالموں کے ذریعہ کہانی تخلیق کرنا ابراہیم جلیس کی انفرادیت ہے۔ ابراہیم جلیس کی افسانہ نگاری کا اعتراف بے شمار نقادر ادب نے کیا ہے، یہاں ہم صرف دو مشاہر ادب کے تاثرات آپ کی خدمت میں پیش کر رہے ہیں، یوسف ناظم لکھتے ہیں۔

"ابراہیم جلیس نے اس انسدادی دوڑ میں اپنا نام کانسے اور چاندی کے تمغے پانے والوں کی فہرست میں نہیں سونے کا تمغہ حاصل کرنے والوں کی مختصر سی فہرست میں لکھوایا۔ زرد چہرے اور تکونا دیش کا یہ نوجوان مصنف آج سے ۳۱-۳۰ سال پہلے ہی قد آور افسانہ نگار بن چکا تھا۔ اس وقت کے حیدرآباد میں دو ہی نوجوان محبوب تھے۔ شاعروں میں نظر حیدرآبادی اور نثر نگاروں میں ابراہیم جلیس، اس نوجوان افسانہ نگار کی ترقی کی رفتار میں طوفان کی سی تیزی تھی اور اس کے ہم جلیس اسے رشک و حیرت کی نظروں سے دیکھتے تھے"۔ (شگوفہ مئی ۱۹۷۸ء)

عاتق شاہ رقمطراز ہیں:

"زرد چہرے ہوں کے چالیس کروڑ بھکاری یا چور بازار ان کی کوئی کتاب اٹھا لیجئے، اس میں ان کا چبھتا ہوا طنز ابھر کر اپنے پڑھنے والے کے دل و دماغ کو اس طرح متاثر کرتا ہے کہ وہ مصنف کے ساتھ زندگی کی ان تلخ اور بے رحم حقیقتوں کے

بارے میں سوچنے لگتا ہے جس پر اس انداز سے اس کی نظر پہلے کبھی نہیں گئی"
(ماہنامہ شگوفہ مئی ۱۹۷۸ء)

مشاہر ادب کے ان خیالات کے بعد آیئے اب ہم ابراہیم جلیس کے افسانوں کا مجموعہ "زرد چہرے" پر روشنی ڈالتے ہیں۔ زرد چہرے ابراہیم جلیس کا اولین افسانوی مجموعہ ہے، یہ کتاب پہلی بار جنوری ۱۹۴۵ء میں شائع ہوئی ۱۹۵ صفحات پر مشتمل اس کتاب میں جملہ پندرہ افسانے شامل ہیں۔ افسانوں کے عنوانات کچھ اس طرح ہیں بلیک آؤٹ، فرشتہ، چور، تنخواہ کا دن، آنسو جو بہہ نہ سکے، رزاق اور عبدالرزاق، صراطِ مستقیم، اشرف المخلوقات، ریلیف فنڈ، سگ لیلیٰ، دلدر، تونِد، سرخ پھریرا، درانتی اور ہتھوڑا اور زرد چہرے۔

کتاب کی ابتداء میں قاضی عبدالغفار (مصنف ماہنامہ پیام) کا مقدمہ شامل ہے، ملاحظہ فرمایئے مقدمہ سے لیا گیا ایک اقتباس

"یہ کتاب دراصل حقیقت نگاری کی پہلی کوشش ہے جو جلیس نے کی ہے۔ جو موضوع انہوں نے اختیار کیا ہے۔ سماج کے پست طبقات کی نفسیات وہ ایک بہت ہی وسیع موضوع ہے، میں نے ان کے افسانوں میں ایک نوجوان جذبہ دیکھا جو جلیس کی جوانی کو ہندوستان کی سماجی زندگی کی تاریک گلیوں میں لے جارہا ہے۔ ان گلیوں میں جہاں بھوک احتجاج مفلسی اخلاقی اور مالی قنوطیت کے گندے چھیڑوں میں ملک کی انسانیت لپٹی پڑی ہے، اس نے ہمیں جنسی جذبات کی گھناونی تصویریں دیکھیں، کہیں غریبوں کی عزت کی کوئی چنگاری چمکتے دیکھی کہیں تعلیم یافتہ بیروزگاروں اور کہیں جاہل مزدوروں کے دلوں کے پردوں میں جھانکا اور جس لہجہ کوئی اثر پیدا ہوا

اس لمحہ اپنے قلم کی قوت اس کی تصویر کشی میں لگائی"۔

کتاب زرد چہرے میں موجود تمام افسانوں کا ہم سر سری جائزہ بھی لیں گے تو ہمارا یہ مضمون ایک ضخیم کتاب کی شکلا ختیار کر جائے گا۔ لہذا ہم صرف تین افسانے "بلیک آؤٹ" اشرف المخلوقات" اور "تنخواہ کا دن" پر روشنی ڈالتے ہوئے ان افسانوں سے ایک ایک اقتباس پیش کر رہے ہیں تاکہ آپ کو ابراہیم جلیس کی طرز تحریر کا پتہ چل جائے۔

"بلیک آؤٹ" بیس صفحات پر مشتمل افسانہ ہے، اس افسانے کا ہیرو سجاد ایک لاُابالی اور آزاد خیال نوجوان ہے۔ تعلیم حاصل کرنے یا ملازمت تلاش کرنے کیلئے لاہور میں مقیم ہے، اس کا بھائی اپنی بیوی بچوں کا پیٹ کاٹ کر اس کے خرچ کیلئے رقم روانہ کرتا ہے۔ پورا افسانہ سجاد اور اس کے دوست خالد کے درمیان ہونے والے مکالموں پر مبنی ہے، سجاد سگریٹ پھونکتا ہے، شراب نوشی کرتا ہے اور خوبصورت عورتوں کا دلدادہ ہے۔

اقتباس ملاحظہ فرمائیے:

"سجاد نے جھنجھلا کر کتاب میز پر پھینک دی اور تھکی ہوئی آنکھوں کو تراواہٹ پہچانے کیلئے بالکونی میں آگیا، آسمان کے کنارے کسی شرمائی ہوئی لڑکی کے گالوں کی طرح سرخ ہو رہے تھے۔ سانولی سلونی شام آہستہ آہستہ دھرتی پر اتر رہی تھی جیسے کوئی بھکرائی ہوئی لڑکی دبے پاؤں کسی سے ملنے جارہی ہو وہ مسکرانے لگا جیسے کسی کی پتلی لمبی ملائم انگلیاں اس کے دل کو گدگدا رہی ہوں اس کا کمھلایا ہوا دل کھل اٹھا اس لڑکی کی طرح جو عین انتظار کے عالم میں اپنے چاہنے والے کو دیکھ لیتی ہے"۔

" تنخواہ کا دن " یہ افسانہ غریبی افلاس مجبوری ناکام حسرتوں اور خواہشوں کی منہ بولتی تصویر ہے، اس افسانے کا ہیرو مراد ایک مزدور ہے لوہا کوٹ کر پیٹ پالتا ہے۔ تنخواہ کے دن اس کی بیوی انتظار کرتی ہے کہ اس کا شوہر کھانے کیلئے کوئی اچھی چیز لائے گا، ربر کے جوتے یا کوئی تحفہ لے آئے گا مگر تنخواہ کے دن قرض داروں کے تقاضے سود کی رقم اور مکان کا کرایہ ادا کرتے کرتے اس کے ہاتھ میں بس اتنی رقم رہ جاتی ہے کہ مہینہ بھر پیٹ کی آگ بجھا سکے ملاحظہ فرمائے اقتباس:

"مکان مالک گونبد بابو کا نوکر مکان کا کریہ وصول کرنے آیا تھا مکان کا کرایہ دو روپئے ایک دم دو روپئے ایسے غلیظ مکان کا کرایہ جس میں دو اندھیرے کمرے دھوئیں سے کالی دیواریں ٹوٹے چھپر کا دالان جو برسات میں تالاب بن جاتا ہے۔ چار قدم کا صحن سنڈاس تک موجود نہیں مگر کرایہ دو روپئے اور مہینے کے مہینے وصول ہوتا ہے، خواہ مخواہ کا غصہ مراد کے جسم میں سرایت کرنے لگا مگر کس پر غصہ کرے بچارہ اس نے بڑبڑاتے ہوئے دو روپئے نوکر کے ہاتھ میں تھما دیئے گویا وہ روپئے انگارے تھے جن کی جلن کی وہ تاب نہیں لا سکتا تھا"۔

"اشرف المخلوقات" یہ ایک نفسیاتی افسانہ ہے، افسانہ کا ہیرو حقیقت پسند ہے، خوبصورت لڑکیوں اور ہیجان انگیز عورتوں کے مقابلے چمکتے سکوں کو ترجیح دیتا ہے۔ پیٹ کی آگ جنسی آگ کو شکست دیتی ہے، ایک اقتباس "سچ مچ میں جانور ہوں جذبات سے عاری انسان ہوں میں نے بھی اس مال روڈ کی حسینہ کو بار بار دیکھا ہے۔ مگر نہ تو کبھی میرے دل کی دھڑکنوں میں کوئی اضافہ ہوا اور نہ میں نے کبھی ایسا محسوس کیا کہ میں نے کوئی چیز کھودی ہے۔ مجھ جیسے نوجوان لڑکے کو دیوانہ بنانے

کیلئے اس لڑکی میں کتنی ہی رعنائیاں تھیں، کتنی ہی نزاکتیں تھیں مگر میرا خون سفید ہے، چاندی کے ایک سکے کی طرح سفید، اس کی آنکھوں میں ستارے جگمگاتے ہیں اور میری زندگی ایک اندھیری رات کے اندھیرے دور نہیں کرسکتے، مجھے حسن سے زیادہ پیٹ کی پرواہ ہے، حسن روح کی غذا ہے مگر روپیہ پیٹ کی پیٹ کیلئے تو سب کچھ کیا جاسکتا ہے اور خوبصورت لڑکیاں تو ٹکے ٹکے میں بازار جاؤ وہاں خوبصورتی کی قیمت صرف ایک روپیہ ہے"۔

زرد چہرے کے افسانے قاری کو جھنجھوڑتے بھی ہیں سوچنے پر مجبور بھی کرتے ہیں۔ ہر افسانہ ایک حقیقت اور ایک تلخ سچائی کا عکاس۔ افسانوں کا پلاٹ گھٹا ہوا کہانی بکھرتی ہے اور نہ راستہ بھٹکتی ہے، تمام ہی افسانے خوصورت بیانیہ کا عمدہ نمونہ ہیں۔ ابراہیم جلیس صرف ایک افسانہ نگار مزاح نگار ڈرامہ نگار اور رپورتاژ نگار ہی نہیں اپنے عہد کے ایک بلند پایہ قلمکار تھے۔ ان کی قلمی کاوشوں نے اس دور کے ہزاروں لاکھوں اردو قارئین کو اپنا گرویدہ بنالیا تھا!

***

۱۰

پروفیسر سیدہ جعفر
اردو زبان و ادب کی نامور خاتون

ڈاکٹر عسکری صفدر

شہر حیدرآباد علم و ادب کا گہوارہ رہا ہے۔ اس کی رنگا رنگ گنگا جمنی تہذیب ایک ممتاز و منفرد مقام عطا کرتی ہے۔ حیدرآباد میں جامعہ عثمانیہ کی تہذیب اور علمی سرگرمیاں درخشاں و تابناک رہی ہیں۔ پروفیسر سیدہ جعفر اسی جامعہ کی مایہ ناز خاتون تھیں۔ وہ اپنے علمی، ادبی، تدریسی، تحقیقی و تنقیدی کارناموں کے باعث ہندوستان گیر شہرت کی حامل تھیں۔ انہوں نے اردو زبان و ادب کی بیش بہا خدمات انجام دیں۔

سیدہ جعفر ایک اعلیٰ خاندان سے تعلق رکھتی تھیں۔ ان کے والد سید جعفر علی اور شوہر سید احمد مہدی جو ایڈوکیٹ تھے، نواب مہدی نواز جنگ، سابق گورنر گجرات، سیدہ جعفر کے دادا سید سجاد علی کے چھوٹے بھائی تھے۔ اُن کے جد اعلیٰ سید رضی تھے جنہوں نے حضرت علیؓ کے خطبات کا مجموعہ "نہج البلاغہ" کے عنوان سے

مرتب کیا۔ سید محمد والہ موسوی بھی اُن کے جد تھے۔ حکیم شمس اللہ قادری نے سید محمد والہ کی سوانح لکھی جو مثنوی "طالب و موہنی" کے خالق تھے۔ مثنوی طالب و موہنی کو ڈاکٹر محی الدین قادری زور نے اپنے مقدمہ کے ساتھ ۱۹۵۷ء میں شائع کیا تھا۔ اس کے علاوہ محمد تقی ہمدم نے بھی "لمعات شمس" میں والہ کے خاندان حالات تفصیل سے قلمبند کئے ہیں۔

ماہنامہ "اردو دنیا" میں سردار سلیم کا پروفیسر سیدہ جعفر سے لیا ہوا انٹرویو اپریل ۲۰۱۳ء کے شمارے میں شائع ہوا۔ اس میں ادارہ نے اس طرح تعارفی کلمات لکھے ہیں۔ "سیدہ جعفر اردو تحقیق و تنقید کا ایک بڑا نام ہے۔ اردو کے تحقیقی و تنقیدی ادب میں خواتین کی حصہ داری بہت کم رہی ہے اور جن خواتین نے صرف تحقیق و تنقید کو کار ادب کے طور پر اختیار کیا ہو، ان کی تعداد تو اور بھی کم ہے۔ ان سب میں کوئی بھی محترمہ سیدہ جعفر کا ہمسر نہیں"۔

انہوں نے پروفیسر عبدالقادر سروری کی زیر نگرانی "اردو مضمون کا ارتقاء" کے موضوع پر مقالہ لکھ کر ۱۹۵۹ء میں جامعہ عثمانیہ سے پی ایچ۔ ڈی کی ڈگری حاصل کی۔ ۱۹۶۵ء میں شعبہ اردو جامعہ عثمانیہ میں ریڈر بنائی گئیں۔ ۱۹۸۳ء میں پروفیسر اور ۱۹۸۴ء سے ۱۹۸۶ء تک صدر شعبہ کے عہدے پر فائز رہیں۔ فبروری ۱۹۹۱ء میں سیدہ جعفر بحیثیت پروفیسر اردو حیدرآباد سنٹرل یونیورسٹی منتقل ہوئیں۔ وہاں انہیں ۱۹۹۴ء میں وظیفہ پر سبکدوش ہونے کے بعد مزید دو سال کی توسیع دی گئی۔ ادبی تحقیق و جستجو نے انہیں پاکستان، ایران اور لندن جیسے ممالک تک پہنچایا۔ ان ملکوں سے انہوں نے علمی استفادہ کیا۔

پروفیسر سیدہ جعفر ایک کثیر التصانیف ادیب تھیں۔ ان کا زور قلم ہمہ وقت جنبش میں رہتا ہے۔ ان کا طرز نگارش بصیرت افروز، سنجیدہ اور عالمانہ ہوتا۔ ان کا اردو اور انگریزی کا مطالعہ نہایت وسیع اور عمیق تھا۔ ان کی تاحال ۳۲ کتابیں شائع ہو کر علمی و ادبی حلقوں میں پذیرائی حاصل کر چکی ہیں۔ جن میں بعض کتابوں کے ترجمے انگریزی، عربی، مراٹھی اور میتھلی زبان میں ہو چکے ہیں۔ وہ دکنیات کے علاوہ رثائی ادب پر بھی گہری نظر رکھتی ہیں۔ انہوں نے رثائی ادب کو فنی زاویے سے دیکھا اور پرکھا۔ معروف نقاد پروفیسر شارب ردولوی نے اپنے تبصرے میں اس طرح لکھا۔ "ڈاکٹر سیدہ جعفر نے اپنے کو صرف قدیم ادب یا دکنیات تک محدود نہیں رکھا ہے۔۔۔ لیکن جدید ادب پر بھی ان کی دسترس اسی طرح ہے جس طرح دکنیات پر۔ انہوں نے ادب کے افق پر ہونے والی تبدیلیوں کا بہت غور سے مطالعہ کیا ہے"۔

ڈاکٹر زور کے کہنے پر سیدہ جعفر نے شاہ تراب چشتی کی مثنوی "منا سمجھاون' پر کام کیا اور ثابت کیا کہ یہ مراٹھی کے شاعر رام داس کی کتاب" شری مناچے شلوک" سے متاثر ہو کر لکھی گئی۔ دکنیات میں یہ ان کی پہلی تحقیقی تصنیف تھی، اس کے دیباچے میں پروفیسر مسعود حسین خاں نے لکھا۔ " میں شعبۂ اردو جامعہ عثمانیہ کی جانب سے ایک ادبی تحفہ اور علمی چیلنج پیش کرتا ہوں"۔ مزید یہ بھی لکھا۔ "سیدہ جعفر نے مرحوم عبدالحق، وحید الدین سلیم اور ڈاکٹر زور کی روایات کا بھرم رکھا ہے"۔

سیدہ جعفر کی پہلی کتاب "ماسٹر رام چندر اور اردو نثر کے ارتقاء میں ان کا حصہ

" تھی۔ دکنیات میں ان کی یہ کتابیں قابل ذکر ہیں۔ من سمجھاون، دکنی رباعیاں، سکھ انجن، دکنی نثر کا انتخاب، مثنوی یوسف زلیخا، چندر بدن و مہیار، کلیات محمد قلی قطب شاہ، مثنوی ماہ پیکر، جنت سنگار، دکنی ادب میں قصیدے کی روایت، مثنوی گلدستہ اور نوسرہار کے علاوہ دکنی لغت۔ "کلیات محمد قلی قطب شاہ" سیدہ جعفر نے محمد قلی کی بارہ غزلوں کو اردو دنیا سے متعارف کروایا۔ یہ غزلیں انہوں نے لندن میں وہاں کے ایک نوادرات کے تاجر سے حاصل کی تھیں۔

دکنی لغت میں انہوں نے ساڑھے تیرہ ہزار اندراجات کے علاوہ ہر لفظ کی جنس (تذکیر و تانیث) جمع واحد، ماخذ، اور محل استعمال کی نشان دہی کی ہے۔ انہوں نے دکنی تحقیق سے ہٹ کر تنقید، ترجمہ، لغت نویسی اور ادبی تاریخ میں کارہائے نمایاں انجام دیئے۔ ترجمے میں ہر دیا کماری کی تصنیف "ویلا تھال" کا اردو میں کامیابی سے ترجمہ کیا جو ساہتیہ اکیڈیمی سے ۱۹۹۰ء میں شائع ہوئی۔

ساہتیہ اکیڈیمی کی جانب سے سیدہ جعفر کی تین تصانیف اردو ادب کے معمار سلسلے کی "ڈاکٹر زور"، "مخدوم محی الدین اور "فراق گورکھپوری" شائع ہوئیں جو اہمیت کی حامل ہیں۔ ان کی تنقیدی کتابیں، تنقید اور انداز نظر، مہک اور محک، فن کی جانچ اور تفہیم و تجزیہ اردو ادب کے سرمایہ میں قابل قدر اضافہ ہیں۔ "فن کی جانچ" کے پیش لفظ میں پروفیسر سید احتشام حسین یوں رقمطراز ہیں۔ "سیدہ جعفر کو دو حیثیتوں سے خصوصیت حاصل ہے۔ اول یہ کہ ان کی ذہنی صلاحیتیں تحقیق اور تنقید دونوں میدانوں میں سرگرم کار ہیں اور دوسرے یہ کہ ان کی رفتار نگارش میں ہمواری اور توازن ہے"۔ پروفیسر گیان چند جین 'اردو مضمون کا ارتقاء' کتاب کے

بارے میں اپنے مضمون "سیدہ جعفر بہ حیثیت محقق" میں اس طرح لکھتے ہیں۔

" اس مقالے کا حصار بہت بڑا ہے۔ اس میں سماجی، اصلاحی، تاریخی، سیاسی، رومانی، مذہبی، فلسفیانہ، مزاحیہ، تنقیدی اور تحقیق سبھی قسموں کے مضامین کا جائزہ لیا گیا ہے"۔ (پرکھ اور پہچان ص ۳۵۷، ۱۹۹۰ء دہلی)

قومی کونسل کی جانب سے سیدہ جعفر نے گیان چند جین کے اشتراک سے "تاریخ ادب اردو ۱۷۰۰ء تک" پانچ جلدوں میں لکھی۔ گیان چند جین اسی مضمون میں اس بارے میں یوں رقمطراز ہیں۔

" مجھے اور انہیں مشترکہ طور پر یہ ذمہ داری دی گئی۔ میں نے ابواب کا خاکہ بنا کر آدھا کام اپنے پاس رکھا، آدھا سیدہ جعفر کے ذمہ کر دیا۔ انہوں نے یہ کام اتنی شرح و بسط سے کیا کہ میں بالکل دب کر رہ گیا۔ میں نے اپنے حصے کو چار سو صفحوں میں پورا کر دیا، سیدہ جعفر نے ۱۷۰۰ صفحات گھسیٹ دیئے اور کمال کی بات ہے کہ کچھ بھی غیر متعلق نہیں"۔ اس کے علاوہ سیدہ جعفر نے "تاریخ ادب اردو" (عہد میر سے ترقی پسند تحریک تک) چار جلدوں میں لکھی جو "بے منت غیر " ۲۰۰۲ء میں شائع ہوئیں۔ اس تاریخ ادب سے ان کی علمی استعداد کا پتہ چلتا ہے۔ "تاریخ ادب اردو" کی ستائش ڈاکٹر گوپی چند نارنگ نے اہم کارنامہ کہہ کر اور شمس الرحمن فاروقی نے گرانقدر اور عظیم الشان بنا کر کی ہے۔ پروفیسر سیدہ جعفر کی ان تصانیف کے علاوہ سینکڑوں پر 'مغز نثر پارے' مضامین، انشائیے اور خاکے مختلف رسائل، جرائد اور اخبارات میں شائع ہو چکے ہیں۔ پروفیسر اشرف رفیع نے مجلہ عثمانیہ ۲۰۰۴ء میں اس طرح اظہار خیال کیا ہے۔ "سیدہ جعفر کی تحقیقی کاوشیں، تاریخی

تہذیبی اور ادبی شعور کی ترجمان ہیں۔ انہوں نے دکنی ادب پاروں کی اشاعت سے دکنی ادب کے سرمایہ میں نہ صرف گرانقدر اضافہ کیا ہے بلکہ گولکنڈہ اور بیجاپور کی تہذیب و ثقافت کو از سرنو زندہ کر دیا ہے"۔ پروفیسر سیدہ جعفر کی نگرانی میں 9 اسکالرز نے پی ایچ۔ڈی اور گیارہ اسکالرز نے ایم فل کی ڈگری حاصل کی۔ ان کے شاگردوں میں ڈاکٹر افضل الدین اقبال، ڈاکٹر لیئق صلاح، ڈاکٹر سلمیٰ بلگرامی، ڈاکٹر مہر جہاں، ڈاکٹر سعیدہ بیگم، ڈاکٹر شاہانہ امیر، ڈاکٹر کوکب النساء اور ڈاکٹر عابد النساء وغیرہ قابل ذکر ہیں۔ ڈاکٹر شفیق النساء روبینہ نے سیدہ جعفر کی حیات و ادبی خدمات پر مقالہ لکھ کر گلبرگہ یونیورسٹی سے پی ایچ۔ڈی کی ڈگری لی اور ڈاکٹر امیر علی نے سیدہ جعفر کی شخصیت اور کارنامہ پر مقالہ لکھ کر جامعہ عثمانیہ سے پی ایچ۔ڈی کی ڈگری حاصل کی۔

پروفیسر سیدہ جعفر کی ادبی و علمی خدمات پر انہیں دو درجن سے زائد اعزازات و انعامات سے نوازا گیا۔ جن میں قابل ذکر قاضی عبدالودود ایوارڈ برائے تحقیق، مخدوم ادبی ایوارڈ، ڈاکٹر زور ایوارڈ، نوائے میر ایوارڈ، فراق گورکھپوری ایوارڈ، ساہتیہ اکیڈیمی ایوارڈ اور عالمی فروغ اردو ادب ایوارڈ برائے ۲۰۰۹ء ہندوستان سے پروفیسر سیدہ جعفر کو اور پاکستان سے ڈاکٹر جمیل جالبی کو دوحہ (قطر) میں دیا گیا۔ پروفیسر سیدہ جعفر اردو دنیائے ادب کیلئے بیش بہا علمی و ادبی اثاثہ چھوڑ کر /۲۴ جون ۲۰۱۶ء کو اس دارفانی سے کوچ کر گئیں۔ پروفیسر سیدہ جعفر /۲۴ جون ۲۰۱۶ء بروز جمعہ /۱۸ رمضان المبارک کو اس دار فانی سے کوچ کر گئیں۔ افسوس کے ساتھ کہنا پڑے گا کہ اردو دنیائے ادب اس خلاء کو پر نہ کر سکے گی۔

سیدہ آپا محمدؐ و آل محمدؐ کی شیدا تھیں
شہرتِ علم و ادب میں یکتا تھیں
رمضان المبارک میں رحلت پائی
سیدہ جعفر آخر سیدہ تھیں

***

۱۱

اورنگ آباد نامہ رفعت سعید قریشی کا ایک زبردست کارنامہ

ڈاکٹر رحیم رامش

"اورنگ آباد نامہ" دراصل ایک تاریخی دستاویز ہے۔ دکن کے مشہور و معروف تاریخی شہر اورنگ آباد جسے پہلے ولیوں، قلندروں اور مرشدوں کی بستی کہا جاتا ہے، بعد میں سلاطین کی آماجگاہ "اورنگ آباد نامہ" لکھ کر اس کتاب کے مصنف جناب رفعت سعید قریشی نے ایک زبردست تاریخی کارنامہ انجام دیا ہے جس میں تاریخ جغرافیہ آثار قدیمہ کے علاوہ ادب آرٹ اور کلچر کو بھی سمو دیا ہے اور ساتھ ہی اردو کی تہذیب اور اس کے شعر و ادب کو شامل کر کے آنے والی نسلوں پہ احسان کیا ہے اور سچ پوچھئے تو اپنے لکھنے کا حق ادا کیا ہے۔ رفعت سعید قریشی نے قبل ازیں جو کتابیں لکھی ہیں، ان میں "ملک خدا تنگ نیست" اور دوسری کتاب "تذکرے اجالوں کے" بھی بہت زیادہ اہمیت کیحامل کتابیں ہیں۔ پہلی کتاب میں تاریخی عمارتوں، قلعوں اور شہروں کا تذکرہ ہے اور دوسری کتاب میں تاریخ و

ثقافت پر مضامین، مشہور اور مقبول انگریزی کہانیوں کے تراجم کے علاوہ مختلف کتابوں پر تبصرے اور اہم شخصیات پر مضامین اور خاکے بھی ہیں۔

"اورنگ آباد نامہ" کی خصوصیت یہ ہے کہ اس میں مصنف نے اورنگ آباد کا جغرافیہ اور حدود اربعہ کا نقشہ پیش کیا ہے اور پھر اس کی تاریخی اہمیت جتائی ہے جس میں مسلمانوں کی زبان اور تہذیب و تمدن کو مستحقاً نمایاں کیا ہے۔ تاریخی اعتبار سے علاء الدین خلجی، محمد تغلق، حسن گنگو بہمنی کا تذکرہ کرتے ہوئے معمار اورنگ آباد ملک عنبر کو ٹھہرایا ہے۔ ملک عنبر کی مذہبی رواداری کو اجاگر کیا ہے۔ نظام شاہی خاندان کے زوال اور اس کے بعد کے حالات کو رونما کیا ہے۔ مغلیہ سلطنت کے اہم حکمراں اورنگ زیب کے ذکر میں اس کی تعلیم و تربیت اس کی دینداری اس کے اوصاف و عادات کے ساتھ ساتھ اس کی شاعری اور اس کی بیگمات کا بڑے اجمالی اور کہیں بعض واقعات کا تفصیلی تذکرہ کیا ہے۔ اورنگ زیب کی خوبیوں اور خامیوں کے ضمن میں اورنگ زیب پر الزامات و نکتہ چینی کا بھی ذکر کیا ہے۔ اورنگ آباد شہر کی عمارات و شہر کے مشہور تاریخی دروازوں اور قلعے کی عظمت و ہیبت کا تعارف بھی دلچسپی سے خالی نہیں۔ قدیم و موجود شہر کے محلوں، گلیوں، بی بی کا مقبرہ، پن چکی، سنہری محل، بارہ دری و متصلہ عمارات، عنبری نہر، آئینہ خانہ، گلشن محل، محافظ محل، دمڑی محل کے علاوہ مساجد، عبادت خانوں، مندروں اور بازاروں کے متعلق تفصیلی معلومات بہم پہنچائی ہیں۔ اورنگ اباد کی تہذیب اور زبان خاص طور سے اردو کے بارے میں تفصیل سے روشنی ڈالی ہے۔ یہاں کے شاعروں اورادیبوں کا ذکر کرتے ہوئے جو نام گنائے ہیں، وہ شعراء ہیں۔ ولی دکنی،

سراج اورنگ آبادی، سکندر علی وجد، بشر نواز، قاضی سلیم، قمر اقبال، فاروق، شمیم، شفیق فاطمہ شعریٰ، جے پی سعید، قاضی رئیس، جاوید ناصر، خان شمیم، صفی اورنگ آبادی، میاں داد خاں سیاح، مہ لقابائی چندہ، اسد علی خان تمنا، لطف النساء بیگم امتیاز، غلام علی آزاد بلگرامی، ناصر جنگ شہید اور نثر نگاروں میں جو نام شامل ہیں وہ ہیں عزیز احمد، ڈاکٹر رفیعہ سلطانہ، سیدہ مہر، ڈاکٹر سہیل احمد، ظہیر علی، صدیق وقار، عظیم راہی، عارف خورشید، اسلم مرزا لیکن افسوس اس بات کا ہے کہ ایک بہت اچھے اور صاحب کتاب مشہور افسانہ نگار رفعت نواز کا نام فراموش کر دیا جو مشہور شاعر بشر نواز کے چھوٹے بھائی ہوتے ہیں۔ البتہ اورنگ آباد کی بے حد اہم اور تاریخ ساز مذہبی شخصیت علامہ مولانا ابو الاعلیٰ مودودی کا تفصیلی تعارف پیش کر کے اورنگ آباد کی شان میں اضافہ کر دیا۔

المختصر مولف و مصنف کتاب رفعت سعید قریشی نے حسب ضرورت تصاویر سے مزین کر کے اورنگ آباد نامہ کو پیش کر کے اردو کی اہم کتابوں میں اضافہ کیا ہے۔ ہم اردو والے ان کی خدمت کو ہدیہ تبرک پیش کرتے ہیں۔ اس کتاب کی قیمت محض تین سو پچھتر روپئے ہے جبکہ اس کی ضخامت (۳۱۷) صفحات ہے اسے ایم آر پبلیکیشنز کوچہ چیلان دریا گنج دہلی نے چھاپا ہے۔

***

۱۲

حضرت منجو قمر:
ادب و فن کے ہمہ جہت شہ سوار

سعید حسین

منجو قمر بیک وقت شاعر، ڈرامہ نگار، ڈائریکٹر اور موسیقار۔ وہ ہمہ جہت شہسوار تھے اور ہر فن میں کامل تھے۔ موسیقی میں انہوں نے نئی نئی دھنیں ایجاد کیں۔

بخشش کا آسرا ہے گناہوں پہ بھی قمرؔ
مداح ہوں جناب رسالت مآب کا

منجو قمر مشاہیر کی نظر میں : ۱۹۳۷ء منجو رقمر کا مشہور ڈرامہ "آفتاب دمشق جو اکسیلیسر ر تھیٹریکل کمپنی نے حیدرآباد میں حضور نظام کی جشن سیمیں تقاریب "سلور جوبلی تقاریب میں پیش کیا گیا اس کی ڈاکیومنٹری فلم بھی بنائی گئی تھی۔ منجو قمر نے اس ڈرامہ کو اپنے ہی قصیدہ کی موسیقی دے کر ریکارڈ کروایا تھا اور اس کا منظر نامہ بھی لکھا اور اپنی ہی آواز میں کامنٹری دی۔ اس ڈاکیومنٹری کو عوام اور خواص

کے علاوہ حضور نظام نے بھی بے حد پسند کیا اور منجو قمر کو کنگ کوٹھی ایوارڈ کی سند اور ایک بے حد قیمتی گھڑی بھی عنایت کی گئی۔

"شنکر کو جے کشن تک پہچانے والے حضرت منجو قمر ہیں، فلمی دنیا کے مشہور ایکٹر اور مغل اعظم کے اکبر اعظم پر تھوی راج کپور کے منجو قمر سے بہت اچھے دوستانہ تعلقات تھے۔ چنانچہ منجو قمر ہی کی سفارش پر پر تھوی راج کپور نے شنکر کو جے کشن کے ساتھ فلمی دنیا میں متعارف کروایا"۔ طنز و مزاح کے ممتاز شاعر طالب خوندمیری صاحب نے اس شعر کے ذریعہ آپ کا تعارف کروایا۔

بہت اونچا تھا قد ان کے ہنر کا
وہ اپنے جسم کے باہر کھڑے تھے

"پروفیسر ڈاکٹر رحمت یوسف زئی فرماتے ہیں، شاعر کی حیثیت سے انہیں دنیا کے سامنے پیش کرنے کا سہرا نواب بہادر یار جنگ کے سر جاتا ہے۔ "محمد علی جناح نے نواب بہادر یار جنگ سے کہا کہ مجھے ایک اچھا P.A چاہئے، تو نواب صاحب نے منجو قمر کو جناح کے سامنے یہ کہہ کر پیش کیا کہ یہ "حیدرآباد کا کوہ نور" ہے۔ فلم "پکار" کی سلور جوبلی تقریب میں سہراب مودی نے اپنے فنکاروں کا تعارف انگریزی میں منجو قمر سے کروایا۔ اس تقریب میں حیدرآباد کے ریذیڈنٹ اور دوسرے انگریز عہدیدار اور ان کے افراد خاندان شریک تھے۔

ڈاکٹر حبیب نثار شعبۂ اردو حیدرآباد سنٹرل یونیورسٹی، منجو قمر کے تعارف میں فرماتے ہیں۔۔۔ "سید منجو قمر کے فن کی ان مختلف ابعاد پر روشنی ڈالنے کے بعد رنگ منچ کے اس حیدرآبادی پرستار کی صلاحیتوں کے اعتراف میں مومن پر ایمان لا کر

کہنا پڑتا ہے۔

اس عزت ناپید کی ہر تان ہے دیپک
شعلہ سا لپک جائے ہے آواز تو دیکھو

منجو قمر کا پورا نام سید نجی اللہ ید اللہی ۲/ نومبر ۱۹۰۹ء کو چن پٹن میں پیدا ہوئے، والد کا نام سید موسیٰ ید اللہی تھا۔ ۱۹۲۸ء چنپٹن میسور سے میٹرک کامیاب کیا اور ۱۹۲۸ء ہی میں ملازمت کے لئے حیدرآباد آئے اور جنوری ۱۹۲۹ء میں دفتر رجسٹرار برائے رجسٹریشن آف کمپنیز میں ملازمت اختیار کی اور ۱۹۷۵ء تک اسی محکمہ سے وابستہ رہے۔ ۱۰/ دسمبر ۱۹۳۱ء میں شادی کی۔ ان کی اولاد میں ۹ فرزندان اور ۴ دختران شامل ہیں۔ ۸/ اگست ۱۹۸۳ میں اس دارِ غرور سے دارِ سرور کے مسافر ہو گئے۔

۱۹۵۵ء میں "نورنگ" افسانوں کا مجموعہ شائع ہوا اور پہلا مجموعہ کلام تجلیات قمر کے نام سے ۱۹۶۳ء میں شائع کیا۔ اردو اصناف میں نئی صنف "عکسانہ" کو متعارف کیا۔ جملہ ۳۳ ڈرامہ لکھے اسٹیج پر بھی پیش کیا اور شائع بھی کیا۔ آپ کے کئی ڈرامہ نصاب تعلیم میں بھی شامل کئے گئے۔ حیدرآباد کی دو جامعات نے حیات اور ادبی کارناموں پر مقالے لکھوائے۔ ڈرامہ بہادر شاہ ظفر پر ساہتیہ اکیڈمی ایوارڈ سے سرفراز کئے گئے۔ یہی ڈرامہ ریڈیو ڈرامے کی تاریخ میں عالمی ریکارڈ رکھتا ہے۔ آپ کے فرزند ارجمند ڈاکٹر ممتاز مہدی نے ۲۰۰۳ میں پی ایچ ڈی کا مقالہ ڈاکٹر رحمت یوسف زئی کی سرپرستی میں لکھ کر سند حاصل کی جس کا عنوان تھا "اردو ڈرامہ کے فروغ میں منجو قمر کا حصہ" جس کو ۲۰۰۵ میں شائع کیا گیا۔ اس مقالہ میں حضرت سید

منجو کی تین غیر مطبوعہ تخلیقات کو متعارف کروایا گیا۔

۱) "شبستان قمر" (خود نوشت) روزنامچہ (ڈائری)۔

۲) "رنگ و رباب" (مجموعہ کلام)

۳) "ہمارا نہرو" (ڈرامہ)

منجو قمر نے بہت ہی کم عمر سے ہی فنون لطیفہ میں اپنی مہارت کے مظاہرہ کا آغاز کر دیا تھا۔ دوران تعلیم ہی ان کی شاعرانہ صلاحیتیں اور موسیقی پر درک کے علاوہ اداکارانہ صلاحیتیں اجاگر ہو چکی تھیں۔ موصوف میں بچپن ہی سے فنی صلاحیتیں بدرجہ اتم موجود تھیں۔ حیدرآباد میں ۱۹۲۸ء میں آمد کے بعد منجو قمر نے سب سے پہلے حضرت سید عبدالکریم نور (جانشین حضرت توفیق حیدرآبادی) سے اصلاح لی۔ ان کے بعد حضرت سید علی منظور، حضرت علی اختر اور علامہ نجم آفندی کو اپنا کلام بغرض اصلاح دکھایا۔

نواب بہادر یار جنگ کے ہاں سے عالیشان رقعہ بعد عصر چائے نوشی کی دعوت کا ملا۔ رقعہ پر نوٹ لکھا تھا، "اپنی بیاض بھی لیتے آئیں" وقت مقررہ پر منجو قمر، نواب صاحب کی دیوڑھی پہنچے تو دیکھا، شاندار انتظامات ہیں، آپ کا استقبال خوب ہوا۔ شہر کے تقریباً سبھی شعراء مدعو تھے۔ پرُتکلف عصرانے کے بعد تمام شعراء سے خواہش کی گئی کہ منجو قمر کا کلام سماعت فرمائیں۔ حضرت نظم طباطبائی بھی اس محفل میں موجود تھے۔ منجو قمر کے کلام اور ترنم کی خوب واہ واہ ہوئی۔ نواب صاحب نے سب کے جانے کے بعد منجو قمر سے کہا: "مرشد زادے! اس طرح ایک اچھے شاعر کا تعارف ہونا چاہیئے۔" منجو قمر کی خوشی کی انتہاء نہ رہی۔ منجو قمر نے اپنی زندگی کا پہلا

مشاعرہ ۱۹۳۲ میں پڑھا جس کی صدارت علامہ نظم طباطبائی نے کی تھی۔ یہ مشاعرہ نظام کالج کے سالانہ جلسہ کا ایک جز تھا۔ غزل کا مطلع پڑھا اور منجو قمر نے سارا مشاعرہ لوٹ لیا۔

کعبہ جانانہ تیرے گھر کو کلیسا جانا
پھر ترے جاننے والے نے تجھے کیا جانا

منجو قمر کے طبع شدہ سبھی ڈرامے، تجلیات قمر اور "رنگ و رباب" کا شعری مجموعہ اس بات کے غماز ہیں کہ منجو قمر کی شاعری میں شاعرانہ کمال بہت ہی نکھار کے ساتھ ملتا ہے۔ شاعر نے ہر صنف سخن میں طبع آزمائی کی ہے۔ حمد نعت، منقبت، غزل، گیت، مخمس، ٹھمری، بھجن یا رقص کے بول (Notation) سبھی اصناف سخن آپ کے کلام میں موجود ہیں۔ روانی، سلاست آپ کے کلام کا خاصہ ہے۔ آمد کا یہ عالم کہ ایک ہی نشست میں طویل سے طویل نظم قلمبند کر دیتے تھے اس کے باوجود کبھی اپنی شاعری کو باعث افتخار نہ سمجھا لیکن ایک بہت بڑی تعداد میں اپنی شاعری کے مداح چھوڑے ہیں۔ اس کی وجہ یہ ہے کہ کبھی انہوں نے احباب کی فرمائش پر احباب کو مایوس نہیں کیا۔ حتیٰ کہ محلہ کے بے روزگار نوجوانوں کو مستقلاً اپنا کلام "مفت" عنایت کرتے تھے۔ جسے وہ مشاعروں میں پڑھنے کے علاوہ ریڈیو اسٹیشن میں ریکارڈ کروایا کرتے۔

"رنگ و رباب" میں جشن سیمیں کے موقع پر لکھا گیا شاہکار قصیدہ (جو منجو قمر کی اعلیٰ صلاحیتوں کا حامل ہے) شامل ہے۔ اس وقت منجو قمر کی عمر عزیز اٹھائیس سال رہی ہو گی۔ چن پٹن سے حیدرآباد ہجرت کے دو تین سال کی جد و جہد میں ہی

انہوں نے اپنی فنکارانہ عظمت کے جھنڈے گاڑھ دیئے تھے کہ ۱۹۳۲ء میں شاہکار ڈرامہ "آفتاب دمشق" اسٹیج ہو چکا تھا، بحیثیت آپ کو ہیرو منتخب کر لیا تھا۔ ایک فلم کے چار گیت میں لکھ چکے تھے۔ بمبئی ٹاکیز والوں نے بحیثیت ہیرو منتخب کر لیا تھا۔ ان کے پاس دوسرے نمبر پر اشوک کمار تھے۔ آپ نہ گئے اور اشوک کمار کو موقع مل گیا۔ ۱۹۳۲ء کے بعد ہی وہ ملک گیر شہرت کی حامل شخصیت بن چکے تھے۔ "ملت" (بنگلور) "مشورہ" (آگرہ) "شاعر"، "صبح امید" (بمبئی) "درماں" (بنگلور) "نور حیات"، "محقق"، "تصدیق"، "المصدق" اور "البصیر" (حیدرآباد) جیسے ماہناموں کے علاوہ روزنامہ "سیاست" میں منجو قمر کی شعری تخلیقات شائع ہوئی ہیں۔

"رنگ و رباب" کے مطالعہ سے پتہ چلتا ہے کہ ایک سلجھے ہوئے شاعر نے گذرتے لمحات کو صفحہ قرطاس پر قید کرتے ہوئے سلسلہ شب و روز کے وقوع پذیر ہونے والے واقعات پر طبع آزمائی کی ہے۔ حمد، نعت، منقبت کے ساتھ ساتھ مشاہیر ان ادب، اہل فن اصحاب اور بزرگان دین کے علاوہ دوست احباب کو خراج عقیدت ادا کیا ہے۔ کلاسیکی ادب کے شیدا، تاریخ اور فنون لطیفہ کے گہرے مطالعہ کے نتیجے میں منجو قمر نے صنف ڈرامہ پر دسترس حاصل کی۔ "رنگ و رباب" کے مطالعہ سے پتہ چلتا ہے کہ انہوں نے کائنات کے ہر موضوع پر نظمیں لکھی ہیں۔ "تنکے کی پکار" نظم کے مطالعہ کے دوران علامہ اقبال کی نظم "شعلہ و جگنو" کی یاد آتی ہے۔ علامہ اقبال عظیم مفکر شاعر تھے۔ منجو قمر ایک عظیم ڈرامہ نگار بلندی فکر رکھنے والے شاعر تھے۔ انہوں نے اپنی جولانی فکر کی نگاہ سے تنقیدی شاعرانہ پرواز

کے ساتھ کائنات کے ہر موضوع کو نشانہ بنایا۔ ان کی نظموں کے عنوانات پر ایک طائرانہ نظر ڈالنے سے پتہ چلتا ہے کہ انہیں زندگی سے پیار تھا۔ زندگی کی مسرتوں سے عشق تھا، انسانیت سے عشق تھا، انہی خیالات کو انہوں نے نظموں میں موزوں کیا ہے اور شعر کے سانچے میں ڈھالا ہے۔

کہتے ہیں کہ ہر فنکار کی ترقی کے پیچھے عورت کا ہاتھ ہوتا ہے۔ منجو قمر کے کلام کے مطالعہ سے یہ بات آشکار ہوتی ہے کہ ان کے اندر موجود فنکار کو بنانے اور سنوارنے میں ان کی اہلیہ محترمہ سیدہ مہربانو صاحبہ مرحومہ کا بڑا عمل دخل تھا۔ ازابتدا تا انتہاء ان کا فن نکھرتا ہی گیا۔ یہ سچ ہے کہ ان کا دل کائنات کی ہر شئے سے حسن مستعار لیتا تھا جسے وہ اپنے کلام میں بیان کرتے تھے لیکن یہ بھی حقیقت ہے کہ کبھی دنیا سے دنیاداری سے سروکار نہ تھا، وہ ایک مست مطمئن فنکار تھے، انہیں سچائی سے پیار تھا، فن کی سچائی سے جس میں ساری کائنات اسیر معلوم ہوتی ہے۔ اسی سچائی کی وجہ سے وہ "دل بے مدعا" رکھتے تھے، کہتے ہیں۔۔۔

دنیا کے طالبوں کو مبارک ہو مال وزر
بس ہے قمرؔ یہی دل بے مدعا مجھے

مذہبی اقدار منجو قمر کے کردار میں رچ بس گئے تھے گو ان کا اظہار بڑے محتاط انداز میں کرتے تھے۔ زاہدان خشک کو پسند نہیں کرتے تھے، فرماتے ہیں

زاہد غرور زہد سے تیرے خدا بچائے
بخشائے گی ندامتِ جرمِ خطا مجھے

بندہ نواز کیا ہو تیرے دین کا بیان

شرمندہ کر گئیں تری بندہ نوازیاں

ہر لمحہ ساز ہستی سے آتی ہے یہ صدا

ہر سانس میں نہاں ہیں تیری سرفرازیاں

منجو قمر نے ہر صنف سخن پر طبع آزمائی کی ہے۔ پروفیسر رحمت یوسف زئی کہتے ہیں آغا حشر کی طرح آپ کا نام اردو ڈرامہ کے ساتھ جڑا ہوا ہے۔ لیکن ان کی علمی زندگی کا آغاز شاعری سے ہوا۔ وہ کہتے ہیں شاعری اور موسیقی کا چولی دامن کا ساتھ ہے، چونکہ منجو قمر کو موسیقی سے بے پناہ لگاؤ تھا اسی لئے شاعری بھی ان کی روح میں بسی ہوئی تھی۔ منجو قمر کے مجموعہ کلام "رنگ و رباب" کی اشاعت کے سلسلہ میں "ڈاکٹر حبیب نثار، شعبۂ اردو حیدرآباد سنٹرل یونیورسٹی فرماتے ہیں "رباب" جب رنگ پر آتا ہے تو آسمان سے تارے توڑ لاتا ہے اور رنگ و رباب کی سنگت کائنات کی ہر شئے کو رقص پر مجبور کر دیتی ہے۔ سید منجو قمر کی ادبی شخصیت کی کئی جہتیں ہیں اپنے ڈراموں پر جو مقدمہ لکھے ہیں انہیں پڑھنے کے بعد ان کی تحقیقی تنقیدی اور مورخانہ صلاحیتوں کا اعتراف ان کا سخت سے سخت مخالف بھی کرنے پر خود کو مجبور اور بے بس پاتا ہے۔

"پروفیسر مغنی تبسم رقمطراز ہیں "منجو قمر دیگر موضوعات پر جو نظمیں لکھی ہیں ان میں مشاہدہ کی گہرائی، تخئیل کی ندرت اور خیال کا اچھوتا پن قاری سے داد طلب کرتا ہے۔ "مفلس کی "منکوحہ عورت "اداکارہ "تنکے کی پکار" ہدایت کار خاص طور پر قابل ذکر ہیں۔ آپ غزل کے فنی محاسن سے اچھی طرح واقف تھے۔ منجو قمر کے طبع شدہ سبھی ڈرامے "تجلیات قمر اور "رنگ و رباب "کا شعری مجموعہ اس بات کے غماز

ہیں کہ منجو قمر کی شاعری میں شاعرانہ کمال بہت ہی نکھار کے ساتھ ملتا ہے۔ ذیل میں ان کے غزل کے چند اشعار نمونے کے طور پر پیش ہیں۔۔۔

میں بھی بسمل ہوں وہ بھی بسمل ہے
کوئی بتلائے کون قاتل ہے

ایک بت کافر سے الفت ہو گئی
زندگی تھی تلخ راحت ہو گئی

تھی جہنم خیز دنیا اے قمرؔ
مسکرائے وہ تو جنت ہو گئی

دل کے دینے کو چاہئے دل بھی
میری ناہید یہ میرا دل ہے

ابن ذر ہو تو ہے حیوان سے بدتر انسان
حاجتِ زر پہ ہو قابو تو ابو ذر انسان

جب نقاب رخ ہٹالی جائے گی
عشق کی بنیاد ڈالی جائے گی

بس اب اتنا کرم مجھ پر جمال یار ہو جائے
جدھر میری نظر اٹھے ترا دیدار ہو جائے

تو ایک بار میری نظر میں سما جا
فنا تجھ میں ہو کر بقا چاہتا ہوں

سکون دل بھی ہو اور آنکھ کو خطا بھی نہیں
تو اس کا نام جوانی میرے حضور نہیں
حرج ہی کیا ہے جو ہو جائیں بند میخانے
تری نظر کے پیالوں میں کیا سرور نہیں
ہر طرح ان کی بزم میں جانا ضرور تھا
جب پاؤں ڈگمگائے تو ہم سر کے بل گئے
نگاہ میری جھکے اس کے روبرو کیا خوب
جبیں تھی جس کی کبھی اور آستاں میرا
تم کو دیکھا تو نظر آئی خدا کی قدرت
ورنہ سمجھے تھے کہ حسن بیاں کچھ بھی نہیں
دیکھی ہے جب سے چھپ تیرے حسن جمال کی
دنیا بدل گئی میرے خواب و خیال کی
یہ میرے بھاگ ہیں کہ تیری آرزو ملی
تو جب ملا وقار ملا، آرزو ملی

منجو قمر بیک وقت شاعر ڈرامہ نگار، ایکٹر، ڈائریکٹر اور موسیقار تھے۔ وہ ہمہ جہت شہسوار تھے اور اپنے فن میں کامل ورک رکھتے تھے۔ آپ نے موسیقی میں نئی نئی دھنیں ایجاد کیں۔ اردو ادب کی تاریخ گواہ ہے۔ راگ راگنی پر بہت سے لوگوں نے قلم اٹھایا ہے۔ حضرت امیر خسرو سے عصر حاضر تک کئی شاعروں نے اس جانب

توجہ دی لیکن منجو قمر نے موسیقی پر ورک کے ساتھ نشاندہی کی کہ کتنی راگ راگنیاں ہیں اور ان میں کتنی مستعمل ہیں اور کتنی متروک ہو چکی ہیں۔ یہ حقیقت ہے کہ جتنی راگ راگنیوں پر انہوں نے نظمیں لکھی ہیں کسی اور اردو کے شاعر کے ہاں کم ملتی ہیں۔

منجو قمر نے اپنے ڈرامے "ہمارا پرچم" اور "ہمارا فرض" میں اداکاری اور ہدایت کاری کے علاوہ موسیقی ترتیب دی تھی بعد میں ڈراموں کی پیش کشی کے لئے باضابطہ ادارہ قائم کیا۔ اس ادارہ کا نام بزم اداکاران رکھا۔ اس ادارہ کے تحت "پینے کے بعد" "ہٹلر کی تمنا" اور "شبنم" ڈرامے زمرد محل ٹاکیز اور ساگر ٹاکیز کے رنگ منچ سے پیش کئے ان ڈراموں کی ہدایت کاری کے علاوہ موسیقی بھی ترتیب دی۔ آخر میں "مدمدت سارنگ" میں یہ اشعار ملاحظہ فرمائیے۔

آنچل جو ان کے شانوں پہ لہرا کے رہ گیا
پہلو میں میرے دل میرا تھرا کے رہ گیا
نظریں بچا کے یار کی میں دیکھتا رہا
نظریں اٹھائیں اس نے تو گھبرا کے رہ گیا
گذری ہے میری زندگی رنگ و رباب میں
کیا کیا نہ دیکھیں محفلیں دور شباب میں

***